I0695587

Cinzia Ethan Ricci

BORDERLINE

TESTIMONIANZE LGBTQIA+

2003-2005

INDICE

APPENDICE

INTRODUZIONE

Chi per lavoro o svago viaggia spesso, ha più di chiunque altro l'occasione di fermarsi davanti alle edicole cercandovi qualcosa che attiri la sua curiosità e, prontamente acquistato, sappia distrarlo durante le lunghe ore di attesa. Forse con sé ha portato un libro che intende leggere, magari gli appunti di lavoro o studio, ma come resistere alla tentazione di darsi un'occhiata in giro? E allora eccolo, chino sulle riviste, su tutte quelle ammiccanti copertine che, fra corpi nudi e sfocate immagini di baci rubati sotto il sole, promettono diete miracolose o miracolosi rimedi contro l'invecchiamento, la cellulite, i guasti devastanti della normalità. Eccolo, il nostro potenziale acquirente, investito da una gragnola d'inchieste che intendono svelare i segreti di chi proprio normale non è, e lui che fa? Domanda retorica, felice di farsi abbindolare, mette mano al portafoglio.

Sulla copertina due donne bellissime si toccano, le labbra sono vicine, prossime a baciarsi. All'interno, in fondo al giornale, altre immagini raccontano una quotidianità inverosimile, patinata. Sono ragazze "comuni", naturalmente carine se non proprio belle, ben accette subalterne se non affermate professioniste, benestanti se non proprio ricche. Sono lesbiche visibili, dichiarate in famiglia e sul lavoro, raramente impegnate in politica o nel sociale, militanti per quel che le riguarda, talvolta persino à la page, trendy. Dover fare la gimcana fra le restrizioni e le discriminazioni del nostro paese non le preoccupa più di tanto: loro vanno dal notaio per tutelare gli interessi di coppia, si sposano all'estero, fanno figli con l'inseminazione artificiale. Sono politicamente corrette, impeccabili, certamente innocue, rassicuranti. Stanno esattamente dove devono: al loro posto, nel loro mondo. Incarnano allegramente lo stereotipo al quale il sistema le ha destinate, alimentano la grande menzogna, partecipano al banchetto in qualità di portata.

Chiudo la rivista e un moto di ribellione mi attraversa. Penso a tutte le amiche "sfigate" che ho: brutte, disoccupate, povere, nascoste, terrorizzate, sole e isolate. Penso a quelle che fanno scelte coraggiose, nell'ombra, e nessuno lo sa, a nessuno gliene importa nulla. Penso alle accanite sostenitrici del "purché se ne parli" e allora mi assale la rabbia. Improvvisamente mi rendo conto di aver regalato 4 euro alla Mondadori, capisco che in questo mondo al contrario sono io l'idiota e, rassegnata, torno in me.

Ammetto che le donne descritte in queste inchieste esistano e anzi, qualcuna persino la conosco, ma vorrei si convenisse che sono una minoranza, la punta di un iceberg che emerge comodamente sostenuta da esistenze taciute, negate,

impopolari. Capisco che nessun editore vedrebbe incrementate le sue vendite se proponesse al lettore storie ordinarie e talvolta disastrose di persone che non possono mostrarsi, dire il proprio nome, che vivono rinunciando ogni giorno a quelli che dovrebbero essere dei diritti e che, invece, sono solo privilegi, ma almeno non si spacci per consuetudine ciò che norma non è. Capisco anche il lettore medio che tutto vuole tranne sentirsi minacciato, colpevolizzato, contraddetto, ma, per Dio, qualcuno abbia la faccia di dirgli che è stato accontentato. La verità, la realtà, è comprensibilmente indesiderabile perché non è mai innocua, senza conseguenze, e tuttavia vorrei imparzialità, più onestà e franchezza, vorrei che si desse comunque la possibilità di conoscerla in ogni aspetto, magari voltando pagina. Vorrei si facesse informazione, non propaganda.
Fallace speranza.

Ne parlo con un'amica. «Sì» dice «ho notato anch'io che ultimamente l'editoria ci va a nozze con tutte queste storie edificanti di lesbiche perfette, senza problemi.» Espongo la mia opinione: «Bisognerebbe dar voce anche alle altre. Magari le loro vite sono insignificanti, forse una schifezza, magari non sono roba da voyeurs, ma penso che in esse sia più facile riconoscersi, sono sicura che serva.» Mirella concorda e mi chiede cosa intendo fare. Le dico che vorrei raccogliere qualche testimonianza. Vorrei dare la possibilità a chi non può farlo di raccontarsi.

«Vuoi essere la prima?» Mirella adesso è dubbiosa, teme che attraverso il racconto qualcuno la riconosca. Le garantisco l'anonimato, le assicuro che non dirò nulla che possa comprometterla, faccio fatica ma alla fine si convince e mi dà appuntamento in un bar perché, dice molto seriamente: «è meglio se di certe cose non ne parliamo a casa...»

Immagine di copertina: elaborazione digitale di una fotografia dell'autore.

BORDERLINE

1

LA TERRA DEI RIMPIANTI

24 Luglio 2004

Mirella ha 58 anni, un figlio trentottenne felicemente sposato, due nipoti. Vive con la madre anziana e malandata. Il tempo ha lasciato i suoi segni ma lei non si cura di nasconderli. Fa l'operaia nello stesso posto da sempre e ha poche, fidate amiche in altre città.

Arriva puntuale. Ci sediamo. È tesa. Mi sento in dovere di scusarmi e le assicuro che non mi offenderò se cambierà idea. Mi guarda intensamente negli occhi: «Non preoccuparti, mi fido, e poi da qualche parte dovrai pur cominciare». Finalmente ride, poi è lei che si scusa per aver preferito incontrarmi in un bar: «Da quando mio figlio e la sua famiglia non vivono più con noi, in casa c'è uno strano silenzio, forse troppo. Mia madre ha tanti acciacchi, ma non è mica sorda, sai? E poi, tu, con quei capelli, credimi, è meglio così.» Già, da quando ho tagliato i capelli non passo inosservata. Annuisco e le chiedo se sua madre abbia mai sospettato qualcosa. «No, non penso. Forse ha sentito delle voci, ma una donna con un figlio, è difficile credere che possa essere lesbica. D'altronde neppure io sapevo di esserlo.».

Arriva il cameriere. Ha modi gentili. Guarda la mia testa rasata, poi guarda Mirella e sorride. Brindiamo alla sua salute e alle sue sopracciglia che paiono *ricamate*.

«Quando ero ragazza io» dice sospirando «era tutto diverso. Quel che non si sapeva, si supponeva, alla fine le cose si mescolavano e allora non c'era scampo. Davide, il figlio della mia vicina di casa, era un ragazzo sensibile, delicato. Sin dalle elementari avevano cominciato a prenderlo in giro: "femminuccia, femminuccia", i bambini sanno essere così crudeli. Non appena ne ha avuto la possibilità è scappato, non se ne è saputo più nulla.».
«E tu?», le chiedo.
«Io? Non capivo nulla, naturalmente. Né m'interessava. Appena finita la scuola mi fidanzai con il primo che capitò a tiro e pur di uscire di casa lo sposai. Pensavo sinceramente che il matrimonio fosse l'unica via possibile, mi avrebbe resa felice, invece è stato un incubo. Quando mi sono sposata avevo appena diciannove anni, nessuna esperienza e molta paura. Avevo già preso tante di quelle botte da mio

padre, come potevo immaginare che avrei continuato a prenderle? Andava al bar con gli amici, quel balordo, poi tornava a casa e mi batteva come un tappeto. Dalla padella nella brace, ma a quel tempo tornare indietro era ancora inconcepibile. Non riuscivo a smettere di pensare a mia madre, mi chiedevo come avesse potuto sopportare per tutta la vita quell'inferno, eppure io stessa lo stavo accettando, in silenzio, senza dirlo a nessuno, con vergogna. In me s'insinuò il pensiero più stupido che abbia mai avuto: meritavo quel marito perché l'avevo sposato senza amarlo e perché non ero mai riuscita a soddisfarlo, non gli piacevo, né riuscivo a compiacerlo. Una sera tornò a casa più ubriaco del solito, voleva fare l'amore con me a tutti i costi, ma puzzava così tanto che mi venne da vomitare, non riuscii a trattenermi. Divenne una bestia, mi massacrò di botte e poi mi violentò. Attesi nove mesi, poi, con Guido attaccato al petto montai in bicicletta, attraversai la campagna, di notte, bussai alla porta di mia nonna che mi accolse senza chiedermi nulla, asciugò le mie lacrime, attizzò il fuoco, mi diede del latte caldo, tirò giù dalla soffitta una culla, mi scaldò il letto, prese il vecchio fucile da caccia del nonno e prima di ritirarsi in camera disse: "Se viene qui gli sparo nelle palle." Lo avrebbe fatto, ma lui non venne. Un anno dopo qualcuno corse ad avvertirci che l'avevano trovato in un fosso, morto. Quel giorno mia nonna andò a trovare un suo vecchio amico e quando tornò disse: "È tempo che le donne di questa famiglia dimentichino. Con noi tuo figlio non avrà bisogno di somigliare a nessun uomo. Domani andrai da Adelina e le dirai che ci trasferiamo nel casale del Guglielmi, l'ho comprato così potremo stare lì tutti e quattro senza pestarci i piedi a vicenda." Era una donna di poche parole, a volte dura, ma così straordinaria...»

Gli occhi di Mirella sono lucidi, i miei pure. Le chiedo se vuole bere ancora qualcosa. «Sì, forse è meglio». Rimango sola, prendo appunti, non sapevo.

Mirella torna, è un fiume in piena: «Tre anni dopo accettai l'invito di certi amici di famiglia e li seguii a una sagra di paese. Era la prima volta che uscivo da sola dopo quello che era successo. Mangiammo, poi raggiungemmo la pista da ballo. Accanto al nostro tavolo c'era un gruppo di giovani, cinque uomini e una donna. Parlavano a voce alta, bevevano in continuazione. All'improvviso mi parve di riconoscere nei lineamenti della ragazza un volto conosciuto, ma non riuscivo a ricordare, a mettere a fuoco. Anche lei, intanto, aveva cominciato a guardarmi di sottecchi. Non era bella, era massiccia, un po' tozza, ma rideva in un modo così speciale. Miranda si voltò verso di me e mi disse: "L'hai riconosciuta?" caddi dalle nuvole "È l'Antonia, la figlia del macellaio, quella che da piccina era tutta strana..." ricordai. Quand'eravamo bambine si era messa in testa che voleva sposarmi e un giorno per dimostrarmi che faceva sul serio mi baciò. Poco tempo dopo suo padre morì d'infarto. Lei e sua mamma si trasferirono non so dove e non la vidi più. A un tratto gli occhi di Antonia cominciarono a brillare, venne verso di me e mi chiese: "Ma tu non sei Mirella?". Non so perché, ma non riuscii ad articolare parola. Rimasi lì come una scema per tutta la serata a farmi ubriacare di chiacchiere, le sue. Aveva tanto di quel fiato, quella ragazza... Il giorno dopo doveva rientrare in Umbria dove lavorava nel negozio di sua madre, ma non se ne andò, non se andò più. Si trasferì nella casa dei nonni paterni, trovò un lavoretto come cuoca in un ristorante e mi è rimasta accanto finché ha vissuto. Fedele e premurosa sino all'ultimo.»

Ancora una volta gli occhi di Mirella si riempiono di lacrime. Mi sento un'intrusa, improvvisamente vorrei non averle chiesto di raccontarmi la sua storia, ma lei ricomincia...

«Siamo state insieme più di vent'anni, poi un cancro me l'ha portata via. Per Guido è stata più di un padre. Gli ha insegnato tutto: a giocare al pallone, a smontare e rimontare un motore, ad avere rispetto delle donne dimostrandogli che una donna può essere migliore di un uomo se glielo lasci fare, una donna è il miglior amico che un uomo possa desiderare.»

Le chiedo se hanno vissuto insieme, come hanno fatto a nascondere la loro relazione: «Non ero pronta per dirlo, e nessuno era pronto per ascoltarmi. Per alcuni anni Antonia mi ha chiesto di trasferirmi da lei, anche con la mia famiglia se volevo, me lo ha chiesto quasi ogni giorno, infine ha smesso. Avremo passato la notte insieme, nello stesso letto intendo, sì e no dieci volte. Lei si fermava da noi spesso, ma non potendo dormire con me, con la scusa che in sala c'era la TV e lei non l'aveva, s'addormentava sul divano. "Il posto più caldo e comodo del mondo" lo chiamava. Non me la sentivo di lasciare mia madre e mia nonna da sole, men che mai di portarle con me, avrei dovuto dare spiegazioni, giustificarmi con tutti. Guido avrebbe avuto molti più problemi di quelli che ha avuto. Quante domande imbarazzanti abbiamo dovuto sopportare, quante risposte assurde abbiamo dovuto dare. Pensa, nemmeno lui sa, forse immagina, ma certo né io né Antonia gli abbiamo dato modo di avere certezze. Quando mia nonna mancò, dovetti rimboccarmi le maniche. Mi trovai un lavoro in fabbrica e lì, ti giuro, fosse venuto fuori che avevo una relazione con una donna sarebbe successo il finimondo, non mi avrebbero lasciata in pace. Anche adesso, sapessi la quantità d'insulti verso i gay che mi tocca sentire...»
«Ma come» esclamo «allora non è vero che c'è più tolleranza!»
«A me non sembra. Non dalle mie parti, almeno. È una questione di convenienza, penso. Magari se li prendi uno per uno non sono così cattivi, ma in branco... come le pecore, o i lupi, dipende. A volte, quando dicono che due donne o due uomini insieme fanno proprio schifo, vorrei vederli morti, altre li compiango perché non

sanno quanta pienezza e felicità possano donarsi due persone che si amano per quello che sono, a dispetto delle convenzioni. Vorrei trovare il coraggio di disprezzarli o compatirli apertamente, ma ho bisogno di questo lavoro, di serenità, e poi, in fondo, adesso non ho più nulla da difendere, rivendicare. Ho solo un rimpianto: non aver vissuto ogni attimo della sua vita, aver scelto di rinunciare a una parte importante del suo tempo, al suo modo così bello e contagioso di ridere, per difendere la mia rispettabilità e quella delle persone che amo, per risparmiarci la gogna delle insinuazioni ma, ironia della sorte, sono proprio queste che mi ossessionano e dimostrano quanto sia stato inutile aver rinunciato a noi stesse. Antonia è stata comprensiva con me, ha capito le mie paure, ci ha protetti dallo scandalo, ma lei sapeva che, anche se a fin di bene, facevamo un errore.»

Abbiamo finito. Siamo esauste. Le chiedo se vuole leggere gli appunti. «No» -risponde - «non occorre». Mi alzo per salutarla, la ringrazio, vorrei scusarmi ancora ma lei m'interrompe: «Lascia perdere, avrei dovuto farlo prima. Lo sai cosa mi ha detto una volta Antonia? "Smettila di tormentarti, non è una colpa amarsi ma può diventarlo se credi lo sia." Aveva ragione, come sempre.»

2

GUARRIERA GENTILE

Agosto 2003

Con Paola fisso un incontro a Firenze. Ho avuto il suo numero da Mirella. Non so niente di lei. Appuntamento in Piazza della Signoria, sotto lo splendido Perseo.

Il caldo arroventa l'aria, mi manca il respiro. È in ritardo, mezz'ora circa. Guardo l'orologio e comincio a disperarmi, rinunciare al cellulare ha le sue controindicazioni. Ormai sono sul punto di andarmene.

«Cinzia?» Mi volto. Paola è un donnone sulla sessantina, tanti capelli, mossi e ben curati, trucco un po' pesante, troppi anelli. È un'insegnate, scommetto con me stessa. Mi avvicino con un sorriso che, mi rendo conto, è alquanto forzato. Ci diamo la mano. Ha una presa più forte della mia e questo mi rincuora, odio stringere budini.
«Scusa il ritardo (ti do del tu, hai l'aria di una ragazzina) ma ho avuto un contrattempo.» Più tardi confesserà di avermi osservata a lungo prima di decidersi.
«Figurati» le dico, «nessun problema.» Mento spudoratamente.

Mi propone di andare a bere qualcosa da certi suoi amici. «C'è l'aria condizionata» m'informa. Accetto con gratitudine e in cuor mio mi auguro di non dover camminare a lungo, sono completamente disidratata, potrei svenire. Penso anche con imbarazzo che deve aver notato il mio disagio. Lei invece è curatissima, fresca, per niente affaticata, mi chiedo come diavolo fa.

Imbocchiamo una serie di vicoli deliziosi e strada facendo mi racconta che da quando si è trasferita in campagna la sua vita è completamente cambiata, si sente rinata. «La città non è il posto adatto per chi ha bisogno di pace e silenzio» la guardo di nascosto e proprio non mi sembra una donna capace di far l'uncinetto davanti al camino. I suoi modi sono spicci ma non privi di una certa eleganza. La trovo un po' volgare, ma affascinate. È una guerriera, non una paciosa campagnola. Penso che è una borghese, i proletari sudano e puzzano. Voglio un bagno!

In men che non si dica arriviamo in una specie di taverna, temperatura salvifica, tavolacci in massello, accoglienza festosa.

«Questa è Cinzia, una mia nuova amica» troppa confidenza mi rende diffidente. Ormai mi sento completamente inadeguata. Arranco verso il bagno, metto la testa sotto l'acqua e mi chiedo chi me l'ha fatto fare. Va meglio. Quando esco, Paola ha già ordinato una bottiglia di Brunello. Detesto il vino. Sul tavolo olive, vari formaggi, una ciotola che suppongo contenga miele. «Un piccolo spuntino, per ammortizzare». Mentalmente faccio il conto degli euro che ho nel portafoglio, sudo freddo.

Ma lei ride. È affabile. Versa il vino senza farne cadere una goccia. Intinge un pezzetto di formaggio nel miele e me lo porge: «Assaggia, è squisito». Improvvisamente sento una specie di formicolio che partendo dall'attaccatura del collo raggiunge la fronte e torna indietro. Il vino ha già fatto la sua prima vittima, penso.

Tiro fuori un blocchetto per gli appunti ma lei mi ferma: «Preferirei che tu scrivessi quello che ricordi. Questa non è un'intervista, è una conversazione che spero sarà piacevole per entrambe». Poi, a bruciapelo: «Quanti anni hai?»

Vorrei scavare una buca e finirci dentro, ma non ero io quella che doveva fare le domande? Una conversazione? E adesso che le racconto? Panico. «Quaranta a marzo.»

«Incredibile, non te ne davo più di trenta, ma come fai?»

«Lavoro poco.» Dio, una risposta più cretina non poteva venirmi. Ultima spiaggia: chiedo se posso fumare.

«Certamente.» Si alza e torna con un posacenere.

Tiro fuori il trinciato. Paola è stupita: «Era una vita che non vedevo una cosa del genere, quante sorprese…» Guarda attentamente i miei gesti, evito di incrociare il suo sguardo, mi confonde. Quando arriva il momento di inumidire la cartina ho un attimo di esitazione, pudore. Lei sorride e mi leva d'impiccio: «Posso provare?» Che domanda, certo! Le passo la busta di cuoio e mentre è impegnata a stropicciare malamente una cartina ricolma di tabacco, ne approfitto e lecco, furtiva. L'intervista si trasforma in un corso per aspiranti tabagisti. Le mostro i movimenti, dispongo le sue dita. È docile, divertente. Ogni tentativo è vano. "Sono una fumatrice pentita," confessa "ma se me ne fai una un piccolo strappo lo faccio". La rimprovero ma lei mi assicura che quella è un'occasione speciale, non ricomincerà. Senza rendermene conto preparo un'altra sigaretta e nel porgergliela le chiedo cosa fa nella vita, di cosa si occupa. Mi spiega che è stata una docente universitaria, ma quando morì suo marito cadde in una depressione tremenda che la costrinse a lasciare l'insegnamento. «Lo amavo molto, la sua morte mi ha lungamente ottenebrata. Non abbiamo potuto avere figli, ma in fondo non sono sicura di averli mai voluti davvero, né credo mi sarebbero stati di conforto. A onor del vero non eravamo nemmeno sposati, sebbene conducessimo una vita perfettamente matrimoniale.»

Chiedo spiegazioni.

«Eravamo contrari al matrimonio, non è un pezzo di carta, un rito religioso o civile che può definire, contenere, legittimare una relazione. Sono tutte stupidate, forme illusorie di controllo, repressione, potere, il tentativo di formalizzare la cosa più irrazionale: l'amore. Un patto che solo due esseri evoluti possono comprendere e onorare senza ricorrere a stratagemmi e sotterfugi, senza aver bisogno di alcun riconoscimento giuridico e sociale. La pensavamo alla stessa maniera su moltissime cose.»

Ho il dubbio che questa donna non abbia nulla a che fare con la mia inchiesta. Le chiedo se Mirella l'ha adeguatamente informata e lei, candida: «Ho una relazione con una donna, se è quello che vuoi sapere, ma non sono lesbica.»

La mia faccia dev'essere un enorme punto interrogativo perché scoppia a ridere: «Non ti pare un'operazione alquanto sporca quella di voler incasellare a tutti i costi l'umanità? Non ti sembra che questo sia il modo migliore per mettere gli uni contro gli altri, per impedire reciprocità, conoscenza, consapevolezza? La pigrizia è la cancrena che affligge gli uomini, ma è l'ignoranza l'arma più potente e devastante che hanno per farsi la guerra, per continuare a oziare, eludere responsabilità, doveri. L'ignoranza genera la paura che nella pigrizia prospera, e niente muta.»

Vacillo. Maledetto Brunello.

Stando così le cose mi sembra superfluo domandare se abbia fatto il coming-out, ma non voglio lasciare niente d'intentato.

«Non ne ho bisogno, né serve».

«Ok,» dico «ma allora perché hai accettato d'incontrarmi?»

«Perché nessuno affronta da questo punto di vista quello che per me era e rimane un falso problema.»

Ammetto di non essere all'altezza. Faccio fatica. Poi, non so come, ci ritroviamo a parlare a ruota libera: amore, amicizia, viaggi, il talento, il tempo, il corpo, l'arte, la vita… Quando distolgo lo sguardo dai suoi occhi neri e profondi scopro che sul tavolo ci sono due bottiglie vuote, che il locale è gremito di gente, che fuori è buio già da un pezzo.

È tardi. Vorrei non dover andare ma se perdo anche il prossimo treno sono rovinata.

«Come, non hai la macchina?»

«No, Paola, ma se un giorno verrai a Lucca ti porterò a fare un giro sul mio Apino.»

«Che bello, ho sempre desiderato di guidarne uno! M'insegnerai?»
«Guarda che non è mica semplice...»
«Capirai!»
«Scommettiamo?»
«Scommettiamo.»

3

RINTINTIN-AGER

Agosto/Settembre 2003

Occorre cambiar registro. Finora ho dato voce a donne mature, con solidi trascorsi eterosessuali. Mi piacerebbe, adesso, poter parlare con una lesbica "dura e pura", possibilmente giovane. Mi metto in caccia.

Le ragazze che conosco personalmente ma con le quali non è per me possibile avere alcun rapporto d'amicizia, sono tutte intorno alla trentina. Si avvicinano molto al modello proposto dalle inchieste propinate dalla stampa: sono carine e benestanti ma, a differenza delle loro cartacee coetanee, non hanno alcun interesse per il lesbo-femminismo militante o di ritorno, tutto sono tranne che impegnate culturalmente, politicamente o socialmente, nemmeno accidentalmente. Se ti rifiuti di parlare sempre e solo di vestiti, macchine, vacanze, fica e soldi, sei fuori dal gruppo. Se ti azzardi ad affrontare in profondità i temi riguardanti i diritti delle minoranze, della democrazia e della *visibilità*, ti guardano come se venissi da un altro pianeta o ti esprimessi in ostrogoto. Preferirebbero morire piuttosto che partecipare a un evento culturale o politico, specie se si svolge nella loro città. Se sostieni il Gay Pride, ne comprendi le ragioni e l'importanza, ti prendono per un'esibizionista, una povera scema che non ha capito nulla e butta via il suo tempo. Insomma, di tutte queste cose *non gliene può frega' de meno,* come direbbe una mia erudita amica.

Decido comunque di fare un tentativo e ne contatto alcune: picche. Sebbene tutti sappiano della loro omosessualità, nel migliore dei casi preferiscono non esibirla apertamente, nel peggiore si ostinano a negarla. Partecipare al mio progetto ne minaccerebbe la privacy, ma ho il maligno sospetto che in realtà abbiano ben poco da dire.

Abbasso il limite di età e aiutata da una conoscente parlo con un gruppetto di ventenni che dapprima mi squadrano dalla testa ai piedi neanche fossi la persona più strana che abbiano mai visto, poi diventano talmente loquaci che faccio una gran fatica a stargli dietro. Di esporsi, naturalmente, neanche a parlarne...

«Ma sei matta? Se mio padre lo scopre mi ammazza di botte!» afferma Marilù, diciotto anni, in attesa di prima occupazione, e dietro tutte le altre. Dal loro sguardo preoccupato capisco che non stanno scherzando.

Giulia, diciannove anni, apprendista: «In prima media mi sono innamorata di una tipa, hai presente quelle cotte che si prendono da bambine? Ecco! Ero talmente di fuori che lo dissi a mia madre… Mììììì, che strage! Mi ha chiusa in casa tre mesi, ha telefonato ai suoi genitori, ha voluto parlare con i miei professori, mi ha persino fatta andare da uno strizzacervelli! Ma ho imparato la lezione: bocca cucita da qui all'eternità!». Adesso è fidanzata con Mary, venticinque anni, la più *anziana* del gruppo, disoccupata: «Poche di noi hanno un lavoro stabile e nessuna ben retribuito. Le altre vanno avanti con le paghette e qualche lavoretto quando capita. Viviamo in casa con i nostri genitori e viste le finanze anche volessimo andarcene non potremmo. Non è tanto la reazione emotiva che ci preoccupa, quanto piuttosto di essere sbattute fuori. A me è capitato e ti posso garantire che non è divertente, specie se non hai un soldo, un posto dove andare.»

Già, il ricatto economico. Racconto che vivo da sola da quando mia madre mi ha cacciata di casa, avevo diciassette anni.

«Grazie tante,» sospira Nico, ventun'anni appena compiuti e un futuro da impiegata «ai tuoi tempi si trovavano ancora delle stanzette abbastanza economiche, oggi non trovi niente a meno di 350 euro al mese. Io prendo la paga sindacale e ti giuro che pur non dando un euro in casa arrivo male alla fine del mese…» E Vivy, ventitré anni, parrucchiera: «Ragazze, ho fatto i conti: la macchina, da sola, costa quasi quanto un appartamento!»

Dal loro chiacchiericcio intuisco che nessuna ha intenzione di proseguire gli studi.

«Studiare non mi è mai piaciuto, preferisco lavorare, farmi un gruzzoletto e andarmene, così voglio vedere cosa fanno quegli stronzi senza la sottoscritta che gli lava e gli stira le camice, cucina, pulisce e tutto il resto!». Marilù è orfana, sua madre è morta in un incidente stradale quando aveva dieci anni, da allora è lei che tira avanti la casa e accudisce il fratello più piccolo. Suo padre e il fratello più grande «con la scusa che sono uomini e vanno a lavorare non fanno un cazzo!», esclama, piena di giustificato risentimento. Si sono mangiati la sua infanzia, adesso vorrebbero mangiarsi il suo futuro. «Ma io non mi faccio fregare. Mi piacerebbe lavorare su una nave… Loro non lo sanno ma ho fatto i documenti per prendere il libretto di navigazione…»

«A me sarebbe piaciuto andare al Liceo Artistico, disegno bene, sai? Ma dopo il casino non hanno voluto che proseguissi. Mi hanno sbattuta in fabbrica sei mesi, poi me ne sono andata perché non ce la facevo a stare rinchiusa otto ore. Ma lo sai che dovevamo chiedere il permesso anche per andare al bagno? Sapessi che pianti la notte, poi un giorno ho detto basta, ho mandato in culo il caporeparto e sono tornata a casa.» Giulia non abbassa mai lo sguardo mentre mi parla.

«Tanto a che serve studiare,» interviene Vivy, la pragmatica «non è quel pezzo di carta che rende ricche, più intelligenti o belle.»

«Raga', se una laurea leva la cellulite sono disposta ad andare all'università anche carponi sui ceci!» sbotta Mary, e giù tutte a ridere.

Le guardo attentamente. Sono carine, un po' mascoline (mi rassicuro pensando a un vezzo che con il tempo perderanno) ma ben camuffate nel loro look ordinario, alla moda: capelli lunghi, pantaloni al polpaccio, top striminziti e pancino all'aria. Mi fanno tenerezza. Sono spigliate, in apparenza per niente intimorite, o timide. Gli adulti scambiano per ingenuità quella che è semplicemente una mancanza di esperienza. Ripenso a quando avevo la loro età, alla mia generazione: eravamo quasi tutte impacciate, buffe, fuori misura, sapevamo poco o nulla del mondo reale e ci costringevano a vivere nel paese delle fiabe aspettando il principe azzurro. La scoperta e l'esplorazione della sessualità passava necessariamente attraverso l'eterosessualità, poi, dopo sofferenze e paure indescrivibili, arrivava il resto, se c'era. L'omosessualità era un argomento tabù, masturbarsi un peccato mortale, essere figli di *NN* un'umiliazione incancellabile, le ragazze madri erano puttane, un matrimonio sbagliato una vergogna da nascondere. Ricordo che quando per la prima volta mi sono resa conto con chiarezza che qualcosa in me non andava come avrebbe dovuto, ho pensato di essere malata, che la mia malattia fosse rarissima, inconfessabile, forse incurabile, davanti a me allora vidi un baratro. Sono stati mesi, anni terribili.

«L'ho sempre saputo che mi piacevano le ragazze, ma non sapevo a chi dirlo.» racconta Mary «A scuola ne parlavamo spesso, fra noi e talvolta anche con i professori. I commenti te li lascio immaginare (niente di sensato o ripetibile), ma perlomeno scoprii che non ero l'unica. Seppi addirittura che in centro c'era una specie di ritrovo… Mi feci coraggio e decisi di andarci. Non sapevo cosa aspettarmi. Immaginavo che dovesse essere un posto buio e mi faceva una gran paura, però ero anche eccitatissima. Era un bar, non aveva nulla di strano o diverso dagli altri. Che delusione. Ciò nonostante non riuscii a entrare nemmeno per prendermi un gelato. Ogni volta che potevo ci passavo davanti, davo una sbirciatina e via, quasi scappavo.

M'imbarazzava l'idea di andarci da sola, poi un giorno mi accorsi che c'erano i videogiochi e allora trovai la scusa per entrare. Il barista era simpatico, mi offriva sempre qualcosa, aveva capito che mi sentivo come un pesce fuor d'acqua. Diventammo amici, è lui che mi ha presentato Giulia...»

«Io e Vivy stavamo insieme a quel tempo, ma era un casino perché non ero ancora maggiorenne. I miei di omosessualità non vogliono proprio sentir parlare, penso che mi preferirebbero morta piuttosto che lesbica. Come si dice? "Meglio puttana o drogata" che scemi... Facevamo i salti mortali per non farci scoprire, una bugia dietro l'altra, anche adesso, con Mary... Non lo sopporto, ma se questo è quello che vogliono, peggio per loro!». Dietro l'aria strafottente di Giulia c'è delusione e rabbia. Penso che un genitore possa rinunciare a un figlio solo se non lo ama, altrimenti non può sopportarne l'infelicità, men che mai procurargliela. Indurre con le buone o le cattive a rinnegare se stessi, costringere a mentire, semina solo dolore e fallimenti, talvolta un risentimento che il tempo da solo non può cancellare. Non vi è nulla di educativo nella coercizione e l'inganno o l'ipocrisia non sono mai a fin di bene.

Marilù è un po' in disparte, ascolta con attenzione, si mordicchia le unghie. È la più piccola. Mi sembra di sentirla urlare, un grido che è dentro di lei e i suoi occhi non possono nascondere. Vorrei rassicurarla, metterla a suo agio. Vorrei abbracciarla, portarla via dal suo inferno, vorrei raccontarle quanto è bello navigare di notte, starsene da soli al timone assaporando l'aria tiepida, profumata di salsedine, le stelle del firmamento in cielo e l'acqua che brilluccica tutt'intorno. Vorrei aiutarla a sognare, a coltivare il suo sogno, a crederci. Le sorrido con quanta più dolcezza posso. Le chiedo cosa pensa. «Io non lo so se sono lesbica.» All'improvviso cala il silenzio, o il gelo. «Davvero, non lo so. Forse non ho avuto il tempo di capirlo. Di certo i ragazzi non mi piacciono, sono sciocchi, noiosi e arroganti, il più delle volte vorrei spaccargli la faccia, ma anche le ragazze non sono mica tanto migliori! Sono stupide, sempre lì a far moine, pronte a tradirti o farti sentire una merda. Con voi mi trovo bene, mi diverto, in un certo senso siete la mia famiglia, ma ogni volta che parlate di certe cose io vorrei essere da un'altra parte...» Le chiedo se sia mai stata innamorata: «Ho voluto molto bene alla mia insegnante d'inglese, alle medie. Mi piaceva e quando mi toccava cominciavo a sudare, ma non lo so se ero innamorata. In realtà io non so cos'è l'amore...».
«Certo che lo sai,» mi scappa detto «ma ne hai terrore perché sai anche che l'amore non è per sempre: alcune persone muoiono, altre, invece di sorreggerti ti portano a fondo. Sono cose dolorose che conosci e vorresti non dover rivivere». Marilù abbassa lo sguardo.

Forse ho esagerato, questo non è né il momento né il luogo adatto per dire certe cose, arrossisco e mi scuso goffamente ma ho una gran paura che fra noi si sia creata una frattura. Vivy si alza e chiede se vogliamo bere qualcosa, Mary la segue. Marilù si accende una sigaretta che fra le sue dita sembra enorme.

Ometto la mia personale opinione su quell'indemoniato che è il Cardinale Ratzinger (se qualcuno cercava l'anticristo adesso sa chi è) e tanto per ristabilire un contatto chiedo a Nico se è a conoscenza del comunicato della chiesa contro l'omosessualità.

«Non leggo i giornali ed evito i TG, sono noiosi e di parte, tutti».
«Quale parte?»
«La Rai è comunista».
Mi si accappona la pelle ma per evitare di andarle troppo contropelo generalizzo: «A essere sinceri, la Rai adesso è del Berlusca e dei suoi amichetti, checché ne dica lui e tutti gli altri.»
«Non c'è differenza, cambiano le bandiere ma la minestra è sempre quella».
«Beh, non è proprio così. Certe notizie, ad esempio, non passano più e anche il taglio giornalistico è, nel migliore dei casi, filogovernativo, se poi si tratta di affrontare argomenti legati all'omosessualità la situazione è più che evidente, meglio non contraddire o non prendere posizioni che possano infastidire la potentissima lobbie cattolica.»
«Davvero, la politica non m'interessa e chi la fa mi sta sulle palle.»
«Anche tu stai facendo politica. Tutto è politica.»
«Sarà, ma preferisco parlar d'altro.»

Vivy, che intanto è tornata con sei boccali di birra gelata, ha intuito il tema del nostro battibecco: «Nico è fascista.» le dà una manata sulla testa e ride «Vota per Fini. Vorrei strozzarla ma da quell'orecchio...»
«Non sono fascista, non mi fare incazzare! È che se vedo rosso divento una bestia.»
«Non è una questione di colori, è che sei ignorante come una capra e voti a destra senza sapere quello che fai! Un omosessuale non può votare i fascisti, porca puttana, sarebbe come se un ebreo votasse Hitler, è un'assurdità!»

Penso a tutti gli ebrei che hanno sostenuto il nazionalsocialismo favorendone l'ascesa al potere, a tutti gli omosessuali che da sempre simpatizzano o, peggio, votano per quello stesso centrodestra che recentemente ha trasformato la Direttiva 2000/78/CE per la parità di trattamento in materia di occupazione e di condizioni di lavoro, nel primo decreto legge della Repubblica Italiana chiaramente discriminatorio nei confronti delle persone LGBT*, ma non intervengo.

«Ragazze, non abbiamo scampo: avete letto le stronzate che ha detto il Papa?»
«Il Papa non c'entra, pover'uomo, quello ormai regge l'anima con i denti, secondo me lo drogano per tenerlo in piedi.»
«Altroché se c'entra! Ha sempre fatto il simpatico, lo sportivo, ma è un integralista. Fosse vissuto Papa Luciani chissà come sarebbe andata...»

Mi chiedo cosa possano saperne, ma le lascio chiacchierare.

«Comunque la Bibbia parla chiaro: finocchi e lesbiche tutti al muro.»
«Sì, ma questa merda è buona per i cattolici e se io non lo sono? Che cazzo c'entro io con le loro stronzate?»

Mica scema la ragazza.

«Tu sei cattolica, ti hanno battezzata!»
«E allora voglio sbattezzarmi!»
«Non dire cazzate...»
«Sono stata battezzata, mica marchiata a fuoco! Voglio recidere il contratto!»
«Non lo puoi fare.»
«Certo che posso, non so come ma si può, l'ho letto da qualche parte.»
«Ma se tu potessi ti sposeresti?»
«In chiesa neanche morta!»
«Io anche subito! Mi farei prestare il vestito da mio fratello (l'ho provato, mi sta troppo bene) e poi vorrei i fiori, i chierichetti, l'incenso e tutto il resto. Anche il lancio del riso dopo la cerimonia!»
«Io invece vorrei sposarmi in jeans, se mi mettessi l'abito bianco mi scambierebbero per una bomboniera...»

Adesso sono rilassate, ridono, si prendono in giro, finalmente dimostrano l'età che hanno.

M'invitano a raggiungerle quella sera a una festa ma dico di avere un altro impegno. Troppa confusione per i miei gusti, talvolta anch'io dimostro l'età che ho.

4

MADRI SENZA FIGLI

Settembre 2003

È quasi mezzanotte. Squilla il telefono.

Una voce piuttosto imbarazzata mi spiega di aver avuto il mio numero da qualcuno che ha tanto insistito perché mi contattasse, si scusa per l'ora e mi dice di essere disponibile a raccontare la sua storia ma vuole garanzie precise: «Ho già avuto troppi casini, non ne voglio altri.» Tento di rassicurarla dicendole che sino a ora nessuno ha avuto ragione di lamentarsi. Le chiedo se ha visitato il sito e cosa ne pensa. Non ha il computer però lo ha visto, non sa giudicarlo ma ne apprezza la semplicità, la storia di Mirella l'ha molto impressionata. Le dico che non deve sentirsi obbligata a far niente che non voglia: raccontarsi deve essere una libera scelta, fatta con consapevolezza, in serenità. Mi propone d'intervistarla per telefono. Chiarisco che le mie non sono vere e proprie interviste, mi limito, piuttosto, a raccogliere testimonianze. Le spiego che ho bisogno di incontrare le persone perché il contatto diretto mi permette di leggere fra le righe: «Il gesto di una mano, uno sguardo o un'espressione talvolta rivelano una storia parallela, più intima, altrimenti destinata a rimanere nell'ombra, taciuta. Sono queste sfumature che colorano il racconto, lo rendono vivo ed emozionante, significativo. È anche attraverso l'osservazione di questi *dettagli* che forse riesco a immedesimarmi, a trovare le parole per dimostrare quanto ogni esperienza sia straordinaria, degna di considerazione.» È irritata, insiste. Con gentilezza, ma non transigo. Alla fine mi comunica che deve pensarci e riattacca.

Sono sicura che non ne saprò più nulla, invece, tre giorni dopo, proprio mentre sto per uscire di casa, me la trovo di fronte.

«Cinzia?»
«Sì...?»
«Posso parlarti?»
«Certo...»

La faccio entrare. Chiudo la porta senza perderla d'occhio. Rimane imbambolata davanti alla mia fornita libreria. Ho imparato che quando si ricevono visite tanto misteriose è meglio non mettersi sulla difensiva. La lascio in pace e raggiungo il piano cottura: «Faccio un caffè o preferisci qualcosa di fresco?»

«Per il momento niente, grazie.»

Mi prendo una birra, mi siedo e quando ha finito di perlustrare la stanza la invito ad accomodarsi sul divano.

«Avrei dovuto avvertirti, ma volevo essere sicura di non avere sorprese.»

Non dico nulla ma assumo un'espressione interrogativa quanto più eloquente possibile.

«Sono Andrea, o meglio, questo è il nome che vorrei tu usassi per la tua inchiesta. Vorrei anche che mi firmassi una liberatoria, non ti offendere, ma non voglio correre rischi.»

Mi porge un foglio dattiloscritto. Evito di dirle che mi sembra una precauzione senza valore legale, ma se può tranquillizzarla - firmo.

È visibilmente sollevata: «Fai sempre entrare in casa tua la gente così?»

Le dico di aver fatto anche di peggio, ma non è mai successo nulla di grave: «Non è affrontando i problemi che si corrono dei rischi.» Annuisce.

Mi fa un mucchio di domande, rispondo mansueta. Aspetto che si senta libera di dire quello che vuole. Le offro nuovamente qualcosa da bere e lei accetta un bicchier d'acqua.

«Non ho avuto vita facile.» Esordisce «Molte cose mi stanno sul gozzo e voglio raccontarle.» Prendo carta e penna. «Ho sempre avuto difficoltà a farmi accettare. Non vengo da una buona famiglia e non ho mai avuto abbastanza soldi per apparire diversa da quello che ero. È importante assomigliare agli altri, avere e desiderare le stesse cose, altrimenti non ti accettano e ti ritrovi sola come un cane. Sono sempre stata lesbica, ma ero anche molto vivace e soprattutto avevo un bisogno disperato d'amore, di essere gradita come persona senza che tutto il resto avesse più importanza di me. Nonostante gli sforzi dopo un po' mi ritrovavo sempre sola, venivo allontanata in malo modo, senza spiegazioni. A causa di questo ho fatto molti errori che forse finivano per avvalorare le falsità che giravano sul mio conto. Negli anni le persone hanno detto di me che ero una puttana, un'opportunista, una sciupa famiglie, una matta, una tossicodipendente, una sieropositiva e una lesbica, naturalmente. Insomma, un pericolo o una schifezza dalla quale tenersi alla larga il più possibile. Bevevo molto, fumavo, andavo ovunque e facevo qualsiasi cosa pur di allontanare la solitudine. Avrei voluto una storia tutta mia, incontrare una donna capace di amarmi, di levarmi dai pasticci, ma le rare volte che ne trovavo una o era messa peggio di me, o non riuscivo a trattenerla. Avrei anche voluto essere capace di innamorarmi di un uomo perché così finalmente avrei smesso di soffrire, ma il tempo passava e le distanze s'ingigantivano, il vuoto che mi sentivo dentro diventava sempre più grande e incolmabile. Ho provato con tutte le mie forze a stare con loro, a farmeli piacere, ci sono andata a letto, mi sono persino fidanzata una volta, ma nulla. La mattina mi svegliavo e mi sentivo disperata, mi prendeva una smania che non so descrivere e allora dovevo assolutamente fare qualcosa perché mi lasciasse in pace, e tutto ricominciava daccapo. Quanto ho pianto, e quante volte ho pensato al suicidio...»

La guardo. Non è bella, non è né femminile né maschile, non è vestita alla moda, non infonde simpatia e le sue origini sono chiarissime. Conosco il dolore che si prova a essere esclusi, allontanati perché non conformi. I gruppi lesbici mi hanno insegnato parecchio da questo punto di vista.

«Quando, senza saperlo, ero sul punto di toccare il fondo, accadde la cosa più incredibile... Una sera ero ubriaca, incontrai un tipo e dopo aver ballato tutta la sera ci appartammo. Rimasi incinta. Fu uno shock. Non avevo una lira, vivevo dove capitava. Per un breve periodo pensai di portare a termine la gravidanza, cercai aiuto, ma non trovandone dovetti abortire. Tutte le mie amiche mi lasciarono sola. Per più di un anno il mio telefono non ha mai squillato, nessuno ha voluto saperne di me. Lo sai cosa mi ha salvata dal baratro della depressione, quella vera, quella che ti uccide? Il calcio, l'unico sport del quale non mi è mai importato nulla. I momenti più difficili arrivavano durante il week end. Mentre gli altri s'incontravano per stare insieme, io mi ritrovavo più sola di sempre ad ascoltare il silenzio, a fare i conti con il disastro totale che era la mia vita. Allora, per non sentirne il peso, per non esserne sopraffatta, cominciai a seguire le partite alla radio: me ne andavo fuori dallo stadio e insieme ad altri aspettavo l'uscita della tifoseria avversaria per guardarla e talvolta sfotterla mentre veniva accompagnata ai pullman o alla stazione. Non hai idea di quanta gente segue le partite, sopravvive alla domenica in questo modo. Lì ero nessuno, un niente qualsiasi, senza storia, le persone non mi allontanavano, potevo persino far due chiacchiere, sentirmi normale.»

La guardo. È pallida, persa nel ricordo ancora vivissimo, in un dolore che temo non la abbandonerà mai.

«Ho dovuto ricominciare da zero. Sono nata il giorno che ho abortito. Mia figlia (mi piace pensare che fosse una femmina, l'avrei appunto chiamata Andrea), oggi avrebbe sedici anni, le devo moltissimo, tutto. Ha dato la sua vita per me. Decisi che più nessuno avrebbe pagato le mie colpe, le mie mancanze. Da allora tutto è completamente cambiato. A volte stento a riconoscere quella me che sino ad allora mi aveva tormentata. Adesso sono calma, tranquilla, non ho bisogno di dimostrare nulla, non mi aspetto niente. Ho conosciuto la solitudine, quella vera, reale, per questo non mi spaventa più. Questa esperienza mi ha dato la misura, un metro di valutazione attraverso il quale filtro la vita, i sentimenti, ogni cosa.»

La guardo e penso che non si muore né di poco né di tanto dolore quando si è sopravvissuti all'inferno.

«All'incirca un anno e mezzo dopo conobbi una ragazza. Era fuori da tutti i giri e non aveva nemmeno mai pensato di poter avere una storia con una donna. S'innamorò di me per quello che ero, nonostante tutto. Era la sua prima volta, forse è per questo che non ha avuto difficoltà ad accettarmi, era pura, pulita, non aveva pregiudizi. Grazie a lei cominciai ad avere fiducia in me stessa, m'insegnò ad avere stima della mia vita, mi dimostrò che ne ero degna, che meritavo rispetto e amore, che ero ancora capace di darne. Quando entrambe fummo pronte per camminare con le nostre gambe, ci separammo.»
La guardo e le chiedo se oggi può dirsi felice.
«Felice? È una parola grossa, ma sono serena, grata. La mia compagna attuale è poco più di una bambina, fra noi ci sono vent'anni di differenza. Non è semplice ma è la cosa migliore che potesse capitarmi, la più bella. Stiamo insieme da quattro anni. Lei cresce e io invecchio. Potrebbe essere mia figlia.»
La guardo. "Ogni madre non ha figli", strano pensiero.
«Non so come faccia a sopportarmi, a volte sono davvero intrattabile.»
La guardo e le domando se il futuro la preoccupa.
«No. Sono andata vicina alla morte tante di quelle volte che per me stessa non temo quasi niente, ma ho paura per lei, ho paura che se dovesse succedermi qualcosa potrebbe non essere pronta.»
La guardo e penso che non si è mai pronti.
«Verrà il giorno in cui i vent'anni che ci separano acquisteranno il peso che hanno e non potrà più essere come prima. Talvolta ne parliamo, scherziamo. Quando io avrò sessant'anni lei ne avrà quaranta, sarà in splendida forma, bellissima. Non la trattengo adesso, non la tratterrò allora, e lo sa. Dille che la amo, che la amerò sempre, qualsiasi cosa accada.»

Sorrido. Adesso non ho più bisogno di guardarla. Adesso la vedo.

5

FOGLIE D'AUTUNNO

19 Settembre 2003

In seguito all'ufficializzazione di *Borderline* ricevo molte lettere, da tutta Italia. Ognuna mi colpisce e vorrei approfondire, ma la distanza fra me e le mie interlocutrici era e resta incolmabile.

Lina mi scrive, le rispondo, mi scrive ancora, infine ci sentiamo per telefono. Ha letto le Mail di Rosa ed è stupita: «Pensavo di essere l'unica scema al mondo che prendeva le botte da una donna.» Non c'è ironia nelle sue parole, tutt'altro. Le chiedo se vuole scrivere la sua storia e lei mi confessa di non esserne capace: «Ci ho provato, ma mi blocco, è come se improvvisamente non sapessi più scrivere. È mortificante.» Parliamo un po', è affranta. Le spiego che vorrei tanto poterla incontrare ma non posso proprio permettermelo. Anche lei ha parecchie difficoltà economiche: è una colonna portante del precariato di stato e poiché almeno per il momento non ha prospettive di lavoro, è ragionevolmente spaventata dal costo di una lunga trasferta. Mille chilometri non sono uno scherzo, lo so. Alla fine si fa coraggio.

Vado a prenderla alla stazione. Il treno proveniente da Firenze spacca il minuto. Mi metto quieta e ben in vista davanti all'edicola. Mi viene incontro una signora brizzolata, valigia con rotelle, un paio di libri e un pacchetto regalo in mano. Ci presentiamo festosamente. Mi offro di portarle la valigia, rifiuta con decisione e mi porge il pacchetto: «Cioccolatini, non sapevo cos'altro portarti.» Ha un bel sorriso, mansueto e dolce. Il suo marcato accento del sud è musica per le mie orecchie. La ringrazio e scherzo sui miei chili di troppo che il suo pensiero gentile non contribuirà a diminuire. «Mal comune mezzo gaudio» dice ridendo.

L'accompagno sino all'affittacamere dove le ho prenotato una stanza, in centro. Strada facendo le racconto qualche simpatica amenità lucchese, le indico i monumenti, le chiese, le poche insegne liberty sopravvissute allo scriteriato modernismo dei negozianti. Lina arranca, nondimeno, forse più per gentilezza che per sincero interesse, si guarda intorno ammirata. Finalmente giungiamo a destinazione e ci diamo appuntamento per il tardo pomeriggio così avrà il tempo di rinfrescarsi e riposare.

Alle sei torno a prenderla. Ha un'aria decisamente più rilassata. Mi confessa di essere uscita e di aver fatto una passeggiata sulle mura: «Sei fortunata» dice «vivi in una città bellissima. Io sto in un quartiere popolare, c'è da aver paura anche solo a mettere il naso fuori di casa: spacciatori, delinquenti, palazzi fatiscenti, non ci sono marciapiedi, non c'è un giardino, un parco, non c'è niente, solo desolazione, ignoranza, sporcizia. Qui invece è tutto pulito, ordinato, a misura.»
Annuisco pensando alle enormi contraddizioni che ci affliggono ma non sono evidenti come un'aiuola fiorita o un cassonetto abbandonato. Le propongo un aperitivo e poi una cenetta in trattoria. Accetta con entusiasmo.

Davanti a un long drink alla frutta rompiamo il ghiaccio.

«Vengo da una famiglia molto numerosa, sedici in tutto: cinque fratelli, quattro sorelle, mamma, papà, nonni e uno zio celibe, sarto e gay. La casa non era grande, ma come capita spesso dalle mie parti, quello che contava era stare tutti insieme, essere uniti. I momenti più belli e caotici erano quando ci mettevamo a tavola. Ci sono mancate molte cose ma mai un piatto di minestra, una risata, uno scherzo. Siamo stati educati alla generosità, a dividere tutto con allegria, ad aver rispetto degli altri, a non impicciarci della loro vita. Il motto di famiglia era *vivi e lascia vivere*, così è stato, sempre. Ma le cose cambiano. Un po' alla volta sono venuti a mancare i nonni, poi la mamma, papà, lo zio. Su nove fratelli che eravamo siamo rimasti in cinque e il Natale, la vita non è più la stessa. È successo tutto nel giro di quindici anni, era come stare sotto un albero carico di frutti maturi: prima ne è caduto uno, poi un altro e un altro ancora, una mattanza. Alla fine ci siamo separati, chi è andato all'estero, chi si è trasferito al nord, io ho scelto di rimanere vicino a mia sorella, la minore. Il marito le fatto fare una vita d'inferno, ma ha dei bambini così belli, li amo tanto.»
Le chiedo se ha figli, se è stata sposata.
«Ho un esercito di nipoti, ma figli no, non ne ho avuto né il tempo né l'occasione. Mio marito mi ha piantata per una ballerina polacca che lavorava su una nave da crociera, non ho sofferto neanche un po', facevo la serva dalla mattina alla sera per lui e la sua famiglia, mi ha fatto un favore ad andarsene: un piatto in meno da lavare. Ho fatto le valigie e sono tornata a casa dove, nel frattempo, erano rimaste solo le mie sorelle più piccole e un fratello che però è morto poco dopo...»
Pago gli aperitivi e mentre ci alziamo le chiedo con imbarazzo di raccontarmi la sua vicenda.
«Violenza...» mi prende sottobraccio «Cara Cinzia, sapessi com'è strana la vita! In casa mia non è mai volato nemmeno un ceffone e cosa mi capita? D'incontrare una donna, innamorarmene perdutamente e farmi gonfiare da lei per cinque anni.

Quando ho letto le Mail di Rosa ho fatto un salto sulla sedia. Le stesse motivazioni, la stessa paura, la stessa vergogna. Ma ti va se ne parliamo dopo? Raccontami di te...»

Decidiamo di fare una passeggiata prima di raggiungere la trattoria. È rilassata. Standole così vicino ho modo di apprezzarne il profumo e stranamente il contatto fisico non mi disturba, anzi. Le racconto che in casa mia non passava giorno senza una tragedia, che le botte erano una consuetudine ma no, mai prese da una donna (a parte mia madre, naturalmente), anche se una volta una tipa ci ha provato. «Non ci crederai» le dico «mi ha difesa la mia gatta e quella si è presa una tale paura che non si è più azzardata.»

Via Fillungo è affollata. Lina si ferma davanti alle vetrine, rimugina sui prezzi, si stupisce della gran quantità di banche, gioiellerie, negozi di scarpe, vestiti, ottica, tutto rigorosamente griffato. «Ma dove sono gli alimentari, i lucchesi non mangiano?» chiede stupita.
«Solo patate, altrimenti come farebbero a finanziarsi il look?»
«Ah, ecco!» ridiamo.

Arriviamo in trattoria. Le consiglio la zuppa di farro e come al solito ho difficoltà a spiegare cos'è: «La mangio da una vita e da una vita la consiglio. L'avrò sentita spiegare miliardi di volte e ancora non ci ho capito nulla. Ho lo stesso problema con la briscola.» Lina mi guarda attentamente con un'espressione interrogativa tipo: "ma lo è o ci fa?" lo sono. Il cameriere è cortese nonostante sia costretto a ripetere per ben tre volte di seguito i piatti del giorno, alla fine ci decidiamo e se ne va visibilmente sollevato.

Lina prende fiato e comincia: «Giusy aveva un negozio di giocattoli. L'ho conosciuta così, andando a fare acquisti per i miei nipoti. Si stava separando dal marito e visto che anch'io mi trovavo nella stessa condizione, gli argomenti non mancavano. Una chiacchiera tira l'altra e dopo un po' cominciammo a uscire insieme: cinema, teatro, passeggiate in riva al mare... Era affettuosa, premurosa, disponibile. A un certo punto mi divenne indispensabile. Mi resi conto che se non la vedevo stavo male, mi mancava terribilmente e lei ne approfittò: se la cercavo m'ignorava, se smettevo di cercarla ricompariva, se le chiedevo spiegazioni s'infuriava, se me ne disinteressavo anche, con una mano dava e con l'altra toglieva. Non riuscivo a capire il suo comportamento né perché ne soffrissi tanto. Quando fui sul punto di mandarla al diavolo seppe sorprendermi e disarmarmi mettendomi di fronte alla mia verità: l'amavo e lei pure, mi disse, dovevo arrendermi all'evidenza o sparire dalla sua vita, per sempre. Dio, come sapeva rigirare le frittate. Mi arresi e per qualche mese tutto andò a meraviglia. Mi chiese di andare a vivere da lei e io, sebbene non mi facesse piacere lasciare sole le mie sorelle, accettai. Fu la prima sciocchezza che feci, la seconda fu abbandonare l'insegnamento per darle una mano in negozio. Vivevo una doppia vita: in casa scenate violentissime, ricatti, soprusi, fuori casa sorrisi, riverenze. Per gli amici e i parenti, la nostra era un'amicizia perfetta, in realtà era un disastro che con il tempo peggiorava. Giusy era gelosa di tutto: delle mie sorelle, dei miei nipoti, degli amici, dei suoi clienti, di chiunque. Aveva il terrore che la lasciassi, rimpiazzassi.» Avanzo timidamente l'ipotesi che fosse affetta dalla *sindrome dell'abbandono* e penso fra me a quanti problemi mi ha dato soffrirne «... e gelosia patologica, anche! A dei livelli che non riusciva a controllare. Cominciò con uno schiaffo, dovetti rassicurarla, consolarla: no, non mi aveva fatto male. Poi gli schiaffi divennero due, tre, seguiti da calci, pugni... mi lasciava in terra dolorante, talvolta scappava, oppure continuava a inveire, ma sempre alla fine scoppiava a piangere, si disperava come una bambina, mi supplicava di perdonarla e io non riuscivo a odiarla, a reagire, a dirlo a nessuno. Mi tenevo tutto dentro, ne avevo vergogna. A chi avrei potuto chiedere aiuto? E poi: per quale ragione avrei dovuto difendermi? Quale torbido legame ci aveva portate a tanto? Non eravamo mica parenti, non eravamo una normale coppia eterosessuale mediamente disastrata, non appartenevamo a nessuna categoria riconosciuta, protetta, ma la verità era che l'amavo e non ho mai pensato di rivolgermi seriamente a qualcuno. Giusy era malata. Pensavo che se avessi sopportato, aspettato, con il tempo avremmo risolto il problema. Mi sbagliavo, non era di me che aveva bisogno, ma di uno specialista, e forse anch'io.»

Lina taglia il filetto con metodo scientifico, usa il coltello come fosse un bisturi. La osservo e scopro che quando si accalora le si arriccia il mento. Gli occhi, di un bell'azzurro intenso, scintillano trafiggendo i miei.

«Sua madre la massacrava di botte. Era una bacchettona mezza alcolizzata, sempre in chiesa e poi a casa... Beh, non mi crederai, ma Giusy non ha mai smesso di giustificarla e proteggerla. Credo che per lei l'amore sia inscindibile dalla violenza, penso che abbia imparato a esercitarla per non subirla. Il suo matrimonio è fallito anche per questo: quando perdeva le staffe suo marito non riusciva a gestirla, non se la sentiva di difendersi. Sai, era un uomo gentile e sensibile, non senza carattere, un debole, come lei lo descriveva.»

Le chiedo come ha fatto a uscirne.

«Non ne sono uscita io, ma lei. Un giorno rientro a casa e la trovo che mi prepara le valigie. "Che fai?" le chiedo. "Non ce la faccio più," mi dice "quando mi lascerai io non potrò sopportarlo. È meglio che te ne vai, ora." Sudava, le mani le tremavano, lo sguardo però era fermo, deciso. Cercai di farla ragionare ma fu categorica: "Dammi retta, Lina, non fartelo ripetere, vattene adesso e non tornare più!". Se mi fossi opposta non so come sarebbe andata a finire. Presi le mie borse e corsi via, tornai da mia sorella. Pensa, non riesco ancora a dirle quello che è successo, cosa c'è stato fra me e Giusy, tu sei una delle pochissime persone alle quali bene o male ho raccontato questa storia pazzesca.»

Il cameriere c'interrompe. Ordino due "bombe" tranquillizzandola: «Caffè sopra e sotto un misto di rum, sassolino e cognac, ti piacerà». Quando restiamo sole sospirando prosegue: «Chissà, forse mi sarei fatta ammazzare. Per assurdo che possa sembrare, Giusy ha dimostrato di avere più giudizio di me. Non so se l'avrei lasciata, ma certamente qualsiasi cosa dicessi non serviva a nulla: il suo demone parlava per me, la sua voce era più forte della mia, le sue ragioni più importanti, forse, prima o poi, non ce l'avrebbe fatta a trattenersi. Penso che mi abbia amata davvero, certo, in un modo malato, insano, ma vero, sincero. La penso ancora e mi manca. Strano, vero?»

«L'hai più vista?»

«Talvolta capita: al mercato, per strada, quando passo davanti al suo negozio... è un tuffo al cuore. Vorrei farle sapere che so, che non ce l'ho con lei, che le sono grata di avermi lasciata andare, ma non sono sicura che capirebbe quello che voglio dire. Da parecchio tempo ha una relazione con una specie di buzzurro, mi hanno detto che picchiava la moglie.» Sospira, ancora, profondamente.

«E tu?» le chiedo.

«Ho avuto qualche avventura, ma niente di serio. D'altronde, a essere sincera, non ne sento una grande necessità. Ho i miei nipoti, mia sorella, qualche caro amico, tanti interessi.»

Lina si oppone con tutte le sue forze ma riesco ugualmente a pagare il conto. Ci alziamo. Nuovamente mi prende sottobraccio e ci avviamo verso l'affittacamere. L'aria è pungente, il vento stacca le prime foglie ingiallite, intorno profumo di dolciumi, e festa. Settembre. Un cane cammina stringendo fra i denti un osso. Dalle finestre ancora aperte giungono voci, risate, silenzi.

Passeggiamo lente, assaporiamo il piacere di saperci straniere, lasciamo i pensieri liberi di andarsene dove vogliono, senza ansietà, strette una all'altra come vecchie, care amiche.

«Grazie per la bella serata. Sono contenta di averti incontrata.» Arrossisco. Ci abbracciamo calorosamente e allontanandomi mi volto per salutarla ancora, vederla sparire al di là del portone.

Grazie a te, Lina. Infinite volte grazie. Di tutto.

6

CONFUSA E FELICE

Settembre 2003

Con Roberta ho un irritante scambio di Mail, seguito da un paio di appuntamenti ai quali non si è presentata. A dire il vero non sono ben disposta nei suoi confronti. Tutto quello strombazzare la sua felicità, la sua realizzazione come donna e lesbica, quel suo sputare sentenze secondo le quali non l'avrei avuta simpatica e quindi non avrei accettato d'incontrarla, mi ha proprio infastidita, ma siccome talvolta sono perseverante, fisso un altro appuntamento.

Arriva a tutta velocità sulla sua auto sportiva, inchioda, scende disinvolta e mi stringe la mano quasi stritolandola. Non è una donna, è un tornado. Ha un viso che ispira simpatia, è spigliata, sicura di sé, persino carina. Fosse un po' meno strafottente, superba.
«Ti ho fatta incazzare, vero?»
Se le dico di no si offende. «Un tantino...»
«Volevo vedere se eri una persona seria...»
Da che pulpito. «Lo sono?»
«Forse sì.»
«E cos'è che fa la differenza? Sentiamo...»
«Prima ci penso e poi te lo dico.»

Menomale che ci pensa.

È una giornata velata e tiepida. Decidiamo di fare una passeggiata, mangiare un gelato, bere qualcosa. Mi racconta di aver fatto il coming-out a casa e sul lavoro: «Beh, non hanno fatto i salti dalla gioia, ma a parte qualche piccola difficoltà iniziale, si è aggiustato tutto nel migliore dei modi. Sul lavoro mi hanno solo chiesto di non ostentare la mia omosessualità, di portare rispetto, insomma, ma per il resto mi hanno accettata senza problemi.»
Le chiedo cosa intendono per *non ostentare*.
«Non avere atteggiamenti ambigui verso le colleghe o le clienti, ad esempio.»
«In che senso?»
«Non corteggiarle, metterle in imbarazzo, credo.»
«Ah, e loro lo fanno?»

«Beh, a volte capita, ma è normale. Lavoro in un'azienda abbastanza grande e importante, siamo parecchi, uomini e donne, è facile che ci siano simpatie e poi mica sempre sono cose serie, a volte si fa per ridere, per stemperare un po' la tensione.»

«E tu non puoi...»

«Per gioco sì, ci mancherebbe! Magari, però, non con le clienti.»

«E chi ti avrebbe chiesto di non *ostentare*?»

«I miei superiori che però, guarda, sono anche amici e quindi mica mi sono offesa, l'importante è che non debba inventarmi chissà cosa per passare inosservata.»

«Perché, ora che *sanno* passi inosservata?»

«No, ma almeno non devo continuamente giustificarmi, trovare delle scuse.»

«Prima lo facevi?»

«Per forza!»

«Non potevi semplicemente farti i fatti tuoi? Le persone, a volte, possono anche essere riservate, hanno il diritto di esserlo.»

«È più facile a dirsi che a farsi. La gente diviene diffidente, sospettosa, e poi tutti parlavano delle loro storie, non mi andava di essere tagliata fuori, così mettevo al maschile quello che era al femminile, ma sapessi che fatica! Perché, scusa, tu non l'hai mai fatto?»

«Ti sembrerà strano, ma no, non l'ho mai fatto. La riservatezza non impedisce che si vengano a creare dei buoni rapporti. Anzi, la riservatezza è un valore aggiunto e apprezzato, dalle persone intelligenti, almeno, e con queste non occorre arrampicarsi sugli specchi.»

Roberta mi guarda di traverso, nel suo sorriso che pare essersi indelebilmente stampato sulla sua faccia (mi chiedo se sia nata così) si è aperta una crepa sottile, appena percepibile.

«E in famiglia com'è andata?»

«Lì per lì c'è stata un po' d'agitazione, poi però mi hanno accettata senza problemi. Sai, i miei non sono mica gente comune, hanno girato il mondo, hanno studiato, fanno un sacco di cose importanti.»

«Perché, chi non ha girato il mondo, non ha studiato e non fa cose importanti non può essere capace di accettare una figlia lesbica?»

«Che c'entra? È che magari persone così sono facilitate, sono più aperte, moderne. Nonostante tutto mi hanno permesso di finire l'università, poi mi hanno comprato una casa...»

«*Nonostante tutto* che?»

«Il fatto che fossi lesbica, all'inizio, e poi che volessi fare le mie esperienze lontano dalla famiglia, anzi, a essere sincera non solo non mi hanno ostacolata, ma mi hanno persino incoraggiata!»
In altre parole, *lontano dagli occhi, lontano dal cuore.*
«Sono stati eccezionali, generosissimi. Purtroppo non ci vediamo spesso: papà è sempre occupato con il lavoro e mamma va spesso all'estero. Sono separati ma si vogliono un gran bene. Talvolta ci troviamo per il Natale, ma a dire il vero capita sempre più raramente.»

Un'altra crepa.

«Quindi sei sola.»
«No, per il mio compleanno mi hanno regalato Briciola, una barboncina che mi sta mangiando la casa, e poi sono piena di amici con i quali faccio un sacco di cose.»
«Una compagna?»
«Ho avuto una storia importante, è durata quasi un anno ma poi è finita, adesso voglio spassarmela, le occasioni non mi mancano.»
«Come trascorri il tempo libero?»
«Il fine settimana mi piace andare per locali, li ho girati un po' tutti. Questa estate sono stata in Grecia, mi sono divertita un mucchio. Certe gnocche…»
Non mi azzardo a chiederle se abbia visitato qualche sito archeologico, so già la risposta.

La porto a bere qualcosa al Caffè de Simo, uno splendido locale liberty (argenti, lampadari di Murano e tavoli intarsiati dell'epoca). Clientela geriatrico/turistica. Roberta si guarda intorno con aria annoiata: «Carino qui, ma i giovani a Lucca dove si ritrovano?»
«Di quale età e ceto sociale?»
Mi guarda costernata. Le vado incontro: «Ci sono solo due bar friendly, ma i gay e le lesbiche non li frequentano.»
«Torre del Lago è distante?»
«Una trentina di chilometri.»
«Andiamo?»
«Neanche morta.»
«E perché?»
«Innanzitutto perché non ne sento la necessità, e poi perché a quest'ora e con questo tempo non c'è nessuno.»
La prima e la seconda crepa si sono congiunte. Segue un lungo silenzio che interrompo infliggendole un'impietosa gragnola di colpi bassi: «Fai parte di qualche

associazione gay o lesbica? Frequenti qualcuno che è impegnato nel movimento? Partecipi ai Gay Pride?» Poi la stendo: «Per chi voti?»

«Normalmente non voto.»

Non avevo dubbi.

Il sorriso le è ormai andato in frantumi.

Un po' mi spiace di non averle dato soddisfazione, ma *ir troppo stroppia*, come si dice dalle mie parti. Le chiedo se posso pubblicare l'intervista senza omettere i suoi dati personali.

«Preferirei non creare inutili imbarazzi.»

«Capisco, ma non eri tu la lesbica realizzata, senza problemi?»

Non risponde. Arranco fra i cocci.

Ha cominciato a piovere. Raggiungiamo in fretta il parcheggio e prima di lasciarci mi dice che le ha fatto piacere conoscermi, che è stata una bella esperienza e che tornerà presto a trovarmi, magari con un'amica. La interrompo: «Allora ci hai pensato?»

«???»

«Sono una persona seria?»

Abbassa lo sguardo, mi fa un cenno con la mano mentre chiude elettricamente il finestrino, ingrana la prima e in men che non si dica sparisce oltre l'angolo.

7

PASSO DOPPIO

20 Ottobre 2003

Separo i miei passi dai tuoi. Chissà perché questa frase continua a girarmi nel cervello, inscindibile, ormai, da Piera.

Ci siamo date appuntamento in un bar (mi verrà un fegato grosso così). Un'amica comune mi aveva già parlato di lei, della sua storia. Tutto mi aspettavo ma non di trovarmi di fronte una persona con il suo aspetto: una casalinga bella e curata, ma non tanto da attirare l'attenzione. Piera si guadagna da vivere prostituendosi. Ha un discreto numero di clienti affezionati che riceve in un appartamento acquistato a questo scopo. Finito il lavoro torna a casa e mentre aspetta che la compagna la raggiunga per cena, si mette ai fornelli. Mi riesce difficile immedesimarmi.

«È molto meno complicato di quello che può sembrare.» Mi spiega «In effetti è un lavoro come un altro, moralmente discutibile, forse, ma pur sempre remunerativo e necessario. Non ci sarebbe offerta se non ci fosse richiesta.».
Il ragionamento non fa una piega, tuttavia faccio davvero fatica a considerarlo in questa prospettiva.
«La maggior parte, ma non tutte sono costrette a vendersi. Io ho scelto questo mestiere per convenienza: dove lo trovavo un altro lavoro che mi offriva dei margini di guadagno così elevati con il minimo sforzo? D'altronde, con mio marito facevo le stesse cose e nemmeno mi pagava, anzi, quando ci siamo separati sono io che gli ho dovuto dare una buona uscita per liberarmene. Aveva fatto una serie d'investimenti senza che ne sapessi nulla, quando ci lasciammo non mi rimasero che cambiali in protesto e debiti con le banche. Parecchie centinaia di milioni. Pulendo uffici non avrei mai potuto riempire la voragine che mi aveva scavato intorno. Da principio lo facevo solo per evitare che mi portassero via la casa o la macchina, poi capii che non aveva alcun senso farsi tanti scrupoli visto che nessuno se li faceva con me... Appena ne ebbi l'occasione acquistai un bilocale e cominciai a esercitare la professione dandomi degli orari e delle regole precise. Attualmente lavoro il pomeriggio, escluso sabato e festivi. Non hai idea di quanta gente ha bisogno di rilassarsi un po' dopo pranzo...».
Lo so perfettamente: nel tratto di strada che collega Marina di Vecchiano a Torre del Lago, sull'ora dell'ammazzacaffè il rischio di tamponamenti è altissimo, anche la

percentuale di donne e trans ammazzate è da record. Piera mi tranquillizza: «Ho solo clienti fissi, sicuri, non nego però di aver avuto paura, soprattutto all'inizio, specie quando lavoravo di sera.»

Le chiedo se abbia mai avuto richieste particolari, se impone l'uso del preservativo.

«Chi fa il mio mestiere non è nella condizione di poter imporre nulla, ma se hai a che fare con clienti fissi alla fine alcuni ce la fai a convincerli. Tuttavia, rispetto all'uso del profilattico, ci sono delle resistenze fortissime, talvolta granitiche, non è questione di età o ceto sociale, è qualcosa di più profondo, irrazionale. Ad ogni modo faccio uno screening medico completo ogni sei mesi, per l'igiene sono addirittura maniacale e prendo la pillola, di più non è possibile. Uhm, richieste particolari... Curiosa, eh? Certo, è capitato, ma delle peggiori (tipo il sadomaso, non lo sopporto proprio) sono riuscita a liberarmi abbastanza in fretta. La casa offre solo prestazioni tradizionali.» Sorride con piglio imprenditoriale.

Ordiniamo ancora qualcosa da bere.

«Ho conosciuto Carla a una festa, a quel tempo lavorava per un'agenzia che si occupava di catering. Mi piacque il suo modo imbarazzato e divertito di porsi. Mi stavo annoiando a morte così cominciai a osservarla: quando le sembrava di non essere vista ci passava ai raggi X, faceva certe facce, poi, se qualcuno si avvicinava tornava impassibile, professionale. Versava lo spumante in un modo così, così... sensuale, ecco. Non ridere, mica scherzo, avresti dovuto vedere con quanta delicatezza riempiva i flûte, l'eleganza del movimento quando girava la bottiglia per non farne cadere nemmeno una goccia. Talvolta ci riusciva, altre no, però ce la metteva tutta, era tenerissima. Aveva le mani da ragazzo, desiderai sentirle su di me e quel pensiero non mi turbò. Mi avvicinai e lei mi guardò come se avesse visto un fantasma. Risi, e dopo un attimo di stupore mi rispose con un'espressione che più complice non si può. Cominciammo a parlare, le chiesi se poteva accompagnarmi dopo la festa e da allora stiamo insieme.»

Mentre giro la cassetta, avverto un certo disappunto. Le spiego che mi è veramente utile poter registrare la nostra conversazione: finalmente, non dovendo più prendere appunti, posso concentrarmi sui dettagli. Quando avrò finito di scrivere il pezzo gliela farò avere, se vuole, può fidarsi.

«Parli mai delle donne che intervisti?»

«No, Piera, è come se avessi fatto un giuramento. Hai presente i medici, gli avvocati, i preti? Peggio. Sono una tomba assoluta. Ma ti giuro che non mi costa alcuna fatica, mi viene naturale. Mi sembrerebbe strano il contrario, non so perché.»

«Forse non ne hai una buona opinione, forse t'imbarazzano.»

«Assolutamente no, cerco di non giudicare. Certo, il punto di vista è soggettivo, ma m'impegno a mantenermi quanto più equidistante possibile.»

Mi fissa ma non riesco a intuirne il pensiero. Le chiedo se possiamo continuare, annuisce.

«Ho scelto di rimanere anonima per non mettere in difficoltà Carla. Tranne lei e pochi amici fidati, nessuno sa con certezza dove vado o cosa faccio, e se qualcuno lo sa fortunatamente non mi crea problemi. Non è sempre stato così, la gente è cattiva, può farti del male solo per il gusto di farlo. Ci tengo alla mia privacy, a tenere distante il lavoro dalla vita privata, sono due cose talmente diverse, inconciliabili.»

Appunto.

«Carla ha sempre saputo cosa facevo. Alla festa dove ci siamo conosciute, le ospiti erano quasi tutte hostess, accompagnatrici. Non era la prima volta che faceva servizi di quel tipo. Potevo essere un'altra avventura e invece ci siamo innamorate. Carla e molte di loro erano lesbiche, ma io, ti sembrerà strano, non sapevo d'esserlo e ancora, di tanto in tanto, non so se definirmi così. I primi tempi è stata dura. Carla non riusciva a darsi pace. In un anno ci siamo lasciate almeno un miliardo di volte. Si è offerta di pagare i miei debiti, mi sono offerta di provvedere alle sue necessità almeno sin quando non avesse trovato un'occupazione decente, ma sulla questione soldi siamo rimaste entrambe irremovibili e alla fine, dopo molte sofferenze e discussioni, ha prevalso il buon senso. A ognuna il suo lavoro, punto e basta. D'altronde la mia attività non la priva di niente, anzi, grazie a essa abbiamo molto tempo libero da trascorrere insieme e poche preoccupazioni. Devo solo evitare di parlargliene, emergenze a parte.»

«Ma non è come se tu la tradissi ogni giorno, *sabato e festivi esclusi*?»

«All'inizio sì, la prendeva così, è per questo che le cose andavano malissimo. Secondo me, se in una scopata non ci metti la testa e il cuore non si può parlare di tradimento, è un atto fisico fine a se stesso, meccanico. Il tradimento è tale se c'è un coinvolgimento mentale ed emotivo. Io non sono mai coinvolta a questi livelli quando lavoro. Se ti dicessi a cosa penso ti spanceresti dalle risate.»

Sarà, ma se mi trovassi al posto loro avrei moltissime difficoltà. Le spiego che non è la questione del tradimento in sé che mi darebbe fastidio, ma è la promiscuità, continuativa, sistematica che proprio non riuscirei a digerire, senza parlare del fatto che accettare questo tipo di vita è un po' come mettersi a giocare alla roulette russa con due proiettili nel tamburo: o rischi di beccarti l'HIV che se ne frega se passi lo straccio in casa tutti i giorni, o rischi di farti ammazzare da qualche psicopatico. *Scusasse* la franchezza.

«Puoi sempre prenderti il colera mangiando un piatto di cozze squisitissime, puoi scivolare su una buccia di banana e romperti l'osso del collo, può investirti un pirla perché invece di guardare la strada gioca con il cellulare.»

«Già, perché mettere limiti alla provvidenza.»

Ridiamo. Piera ha ragione, non sono affari miei.

8

AMOR PURO

22 Ottobre 2003

Paola e Francesca ne ridono adesso, ma so che è stata dura e altre nella loro situazione non ce l'hanno fatta. Ci vuole incoscienza, forse, sicuramente un po' di fortuna, ma anche coraggio, cervello, bisogna esser pronti a rinunciare a tutto, consapevoli che il tutto spesso è niente e se al niente non si dà importanza, niente si perde.

La loro storia è lunghissima, dovrò purtroppo tagliarla, privarvi di alcuni gustosi siparietti e molti dettagli, spero almeno di riuscire a trasmettervi la loro simpatia, la loro semplicità, la loro forza straordinaria, il loro amore disarmante.

Di questi tempi non può che far bene.

* * *

Si sono conosciute che ancora non andavano a scuola. Le loro mamme le portavano al parco, di confidenza in confidenza divennero assai intime. Quando Paola e la sua famiglia dovettero trasferirsi, Irene scelse di acquistare una casa nel quartiere dell'amica. Così, sin da molto piccole, le due bambine poterono frequentarsi ogni giorno. Anna, la mamma di Francesca, aveva scelto di averla senza sposarsi, d'altronde il suo compagno se n'era disinteressato apertamente sin da subito. Irene, invece, aveva avuto maggior fortuna e il suo matrimonio era saldo malgrado non potesse avere altri figli. Anna era spesso ospite di Irene e Claudio. Fu un'amicizia vera, generosa e Francesca diventò un po' anche figlia loro.

Quasi sorelle, dunque, ma all'inizio non andavano d'accordo.

«Non la sopportavo mica tanto. Era piagnucolosa e poi non voleva mai giocare agli indiani...»
«Per forza, finivo sempre legata a un palo! Mi piaceva giocare a marito e moglie... Indovina chi voleva sempre fare il marito?»

«Va là che ti sei rifatta!»

Sono carine, tanto giovani. Chiedo quando hanno capito di amarsi.

«Lo abbiamo sempre saputo ma lo davamo per scontato, era normale che ci volessimo così bene.»
«In realtà è successo tutto in terza media. Io non avevo molto successo con i ragazzi, ma lei… Guardala, non è bellissima?»
«Dai, con te non si può mai fare un discorso serio!»

Come spesso accade, fu la gelosia a metterle di fronte ai sentimenti più nascosti, quelli ai quali non osiamo dare un nome, che ci traghettano oltre l'idea che abbiamo di noi stessi e del mondo.

«Avevo talmente paura di perderla che dopo una litigata furiosa le saltai addosso e tutto accadde con una naturalezza che ancora non so spiegarmi.»
«Fu meraviglioso e scioccante. Non riuscivamo più a staccarci. Ogni volta che dovevamo stare lontane mi prendeva la smania, mi sembrava d'impazzire.»
«Ci chiudevamo in bagno, in camera, dappertutto! Prudenza zero. È ovvio che prima o poi ci avrebbero beccate, ma a quel tempo non ci sembrava di fare nulla di male, e poi lo facevano tutti, perché non avremmo dovuto farlo anche noi?»

Già, perché?

«A dire il vero era ormai da un po' che i nostri genitori facevano un sacco di discorsi strani. Complottavano per tenerci lontane, evitavano di farci stare insieme da sole. Avevano capito benissimo come stavano le cose, ma per quanti sforzi facessero trovavamo sempre il modo di sgattaiolare.»
La *fase omosessuale transitoria* tipica dell'età adolescenziale, perdurava assumendo connotati imbarazzanti, difficilmente giustificabili.

«Non ci ponevamo il problema, eravamo proprio incoscienti. Alla fine i professori convocarono i nostri genitori e da quel giorno ci fu tassativamente vietato di vederci. Allora, aiutate anche dal gran spettegolare del quale improvvisamente ci accorgemmo, capimmo in che razza di pasticcio ci eravamo cacciate.»
«Fortunatamente la scuola stava per finire, avremmo solo dovuto cominciare il Liceo, poi, in un modo o nell'altro, ci saremmo riviste, avremmo trovato una soluzione.»

«Fu un'estate orribile, non ne ricordo una peggiore. Non eravamo mai state lontano tanto a lungo, era la prima volta. Quanto ho pianto. Ho odiato mia madre e non ho perso occasione per farle sentire tutto il risentimento che avevo.»

«I miei tentavano di comprarmi, bastava che chiedessi: il motorino, vestiti, mi riempivano il portafoglio, mi lasciavano star fuori sino a mezzanotte, tanto lo sapevano che Francesca era in vacanza dai parenti. Quando tornò aspettai di veder uscire sua madre e corsi da lei. È stato uno dei giorni più belli della mia vita!»

«Non puoi immaginare lo stupore: non mi ero mai accorta che Paola fosse così coraggiosa! Per me fu davvero un gran sollievo, potevo contare su di lei, potevo fidarmi ciecamente! Architettammo un piano: per comunicare ci saremmo lasciate dei messaggi in un posto segreto, ma per vederci non era il caso di rischiare, capito come funzionava il liceo avremmo senz'altro trovato il modo di ritagliarci i nostri spazi.»

«Frequentavamo scuole diverse e questo alla fine ci ha aiutate. Era più difficile controllarci e comunque, dopo un po', i nostri genitori si erano calmati abbastanza. Tuttavia non era prudente fare mosse azzardate, così decidemmo di farci il ragazzo per confondere un po' le acque, una copertura ci era indispensabile per poter stare tranquille, per non farci stressare.»

«Tenerli a bada non era facile, però la fantasia non ci mancava e poi, per il tempo che duravano...»

«Fummo talmente abili che alla fine ricominciai a frequentare casa sua, con mia madre naturalmente. Due attrici, avresti dovuto vederci! Era persino divertente...»

«Ti sarai divertita tu, io morivo di paura!»

«Ma eri brava. Se non fossi stata sicura di te avrei dubitato che mi amassi davvero.»

Chiedo se abbiano mai pensato di fuggire.

«Certo, lo abbiamo anche fatto una volta...»

«Non se ne è accorto nessuno. Tre ore dopo eravamo già tornate a casa.»

«Quando ci siamo rese conto che con gli spiccioli che avevamo in tasca avremmo fatto al massimo trecento chilometri...»

«Che sceme.»

Memori di quell'esperienza decisero di mettere da parte tutti i soldi che potevano. Raggiunta la maggiore età se ne sarebbero andate. Ma nel frattempo l'aria tornò a farsi irrespirabile.

«Entrammo nel movimento studentesco e cominciammo a divertirci sul serio. Stava diventando sempre più difficile tenerci a bada, oltretutto era evidente che avevamo ripreso a vederci, da sole.»

«Lesbiche e di sinistra… il top!»

«A dei genitori forzaitalioti convinti non poteva capitare nulla di peggio. Non puoi nemmeno sperare di essere compatito, chi vive nel mito dell'uomo che si fa da sé alla fine non può incolpare nessuno delle sue disgrazie.»

Le ventenni non smetteranno mai di stupirmi.

«Visto che non potevano chiuderci in casa, adottarono una strategia comune: fine delle paghette settimanali, motorini, telefoni e PC sequestrati, niente uscite al di fuori degli impegni scolastici e sostegno psicologico coatto. Guerra all'ultimo sangue.»

«Quando lo psicologo gli fece notare che l'omosessualità non è più considerata una malattia e noi avevamo gli stessi problemi di ogni altra persona della nostra età, fu la disfatta. Nondimeno motorini, PC e uscite serali rimasero off-limits.»

«Anche l'averci privato delle paghette sortì l'effetto contrario a quello sperato: entrambe ci trovammo dei lavori part-time e con quelli non solo potemmo levarci qualche sfizio, ma rimpinguammo alquanto il nostro gruzzoletto.»

«Il profitto scolastico, naturalmente, ne risentì…»

«Parla per te! Non hai mai avuto voglia di studiare tu, figuriamoci se ti lasciavi sfuggire l'occasione di mettere fra te e i libri la giusta distanza per non poterli aprire!»

«Va bene: io rischiai di ripetere il quarto anno e tu no. Contenta?»

«Sì. Ma siccome il progetto era di andarcene, ti obbligai a recuperare, passasti, e quell'estate ci mettemmo a cercare una casa…»

«Mamma mia, Paola, come sei fiscale!»

Sono irresistibili.

«Gli affitti erano improponibili. Avremmo potuto far fronte a tutte le spese solo lavorando a tempo pieno. Questo significava rinunciare a diplomarci e proprio non ci andava giù. Così decidemmo di trovare una stanza, magari in una casa già affittata da studenti. Grazie ad alcuni amici conoscemmo degli universitari e dopo qualche resistenza (d'altronde eravamo maggiorenni da poco, dovevamo finire il liceo, non avevamo un'occupazione fissa e vista la situazione era lecito aspettarsi di tutto da parte dei nostri genitori) accettarono di affittarci una camera.»

«Era squallidissima, ma ci parve il posto più bello del mondo!»

«Versammo la caparra, poco alla volta (e di nascosto) vi portammo tutto quello che ci serviva e a cose fatte lasciammo un biglietto nel quale comunicavamo che non saremmo tornate a casa.»

«Successe il finimondo! Carabinieri, scenate, volarono ceffoni, fummo minacciate pesantemente e la stessa cosa toccò ai nostri amici. Alla fine dovemmo addirittura farli diffidare! Fortunatamente abbiamo avuto il sostegno di alcuni adulti che ci hanno aiutate a districarci e alla fine, dopo molto penare, ne siamo venute fuori.»

«Ci siamo diplomate, certo, non brillantemente. Tuttavia ci guadagniamo da vivere dando lezioni private e quello che capita. Francesca nel tempo libero va da un restauratore a imparare il mestiere, è sempre stato il suo sogno.»
«L'anno scorso ci siamo trasferite qui, è un po' piccolo ma non ci lamentiamo. Abbiamo preso la patente da privatiste e la macchina ce la prestano gli amici. Non è molto, ma in fondo l'unica cosa che volevamo era stare insieme, l'abbiano ottenuta, tutto il resto non conta.»
Chiedo come sono adesso i rapporti con le loro famiglie.
«Inesistenti?»
«Deludenti?»
«Superficiali.»
«Falsamente cordiali.»
«L'argomento è tabù. Fanno finta di non vedere, di non sapere.»
«Non chiedono, non s'interessano.»
«Si sono rifatti una vita, tra loro, senza di noi.»
«Nella mia stanza papà ha fatto il suo studio.»
«La mia c'è ancora ma mamma la usa come ripostiglio, non ci entro da quasi due anni.»
«Tutte le nostre cose sono finite non si sa dove. Loro dicono di averle regalate o buttate, io non posso crederlo.»
«Fai male a illuderti. Lei spera sempre che prima o poi qualcosa cambi, ma i suoi sono davvero terribili, anche se li conosci non puoi pensare di trovarti davanti due persone così prive di sensibilità, personalità. Per loro conta solo il giudizio della gente, far bella figura, star dentro le regole.»
«Sua mamma è un po' diversa. Credo che se non li frequentasse, se non fosse così affezionata a loro, alla fine potrebbe recuperare il rapporto con Francesca, forse arriverebbe persino ad accettare che io e lei stiamo insieme.»
«Mah, non lo so... Se sono tanto amici un'affinità deve pur esserci.»
«Ormai c'è quasi un rapporto di dipendenza, si sono talmente abituati a rifugiarsi gli uni negli altri che se uno di loro venisse a mancare andrebbero in crisi più di quanto è successo a causa nostra.»
«Che palle. A volte penso che sarebbe meglio nascere orfani, avere dei genitori così fa solo star male.»

Si tengono per mano, teneramente. Di tanto in tanto si baciano sulla guancia, sulla fronte. Si abbracciano come a consolarsi, affermare vicinanza, protezione, amore.

Sul letto una montagna di pupazzi, alle pareti fotografie di manifestazioni alle quali hanno partecipato e poi loro, bambine: allo zoo, a scuola, a una gita, sempre appiccicate, sorridenti o accigliate. Anna, Irene e Claudio tra i piccioni di Piazza San

Marco. Anna e Paola al mare, mentre mangiano un bombolone. Claudio che porta Francesca sulle spalle. Irene sottobraccio ad Anna, in riva al lago. I diplomi attaccati con le puntine da disegno, alcune cartoline, una stampa che ritrae due donne che si baciano, un poster di De André, le mensole piene di libri, tante cassette, alcuni CD, i piatti ammucchiati nel lavandino, il posacenere pieno di cicche, scarpe e quaderni dappertutto.

Mentre scendo le scale mi prende una gran malinconia e tuttavia non riesco a smettere di sorridere.

Non tutto è perduto, il mondo può ancora essere cambiato.

9

IDENTITÀ SMARRITE

12 Dicembre 2003

"Non amare è un lungo morire" (Wu Ti)

Michela ha 34 anni, un buon lavoro, una bella casa, alcuni amici eterosessuali fidati e altri nuovi, omosessuali, attraverso i quali sta esplorando parti di sé sconosciute. È in analisi da dodici anni.

Il mio naturale riserbo, o una forma di pudore, timidezza, m'impedisce di chiedere alle persone che conosco di raccontare il loro vissuto, ma Michela mi sorprende offrendosi spontaneamente, senza peraltro voler rimanere anonima.

Ci conosciamo da poco, in effetti, non so quasi nulla di lei.

Ci diamo appuntamento a casa mia, verso le quattordici. Concordiamo che andremo avanti a oltranza, senza limiti di orario, intuisco che abbia molto da dire e molta voglia di farlo. Facciamo un caffè, ci sediamo e cominciamo.

«Ho ritrovato delle foto di quando avevo tredici, quattordici anni, alcune in costume, al mare. Mi sono stupita del fatto che in realtà ero carina, avevo due o tre chili in più, ma niente di particolare. Tuttavia ricordo di non essermi mai sentita a mio agio nel mio corpo, dall'età dell'adolescenza e forse prima. Mi sono sempre sentita grassa e ho fatto di tutto, negli anni, per avvalorare l'opinione che avevo di me. Attraverso l'assunzione esagerata del cibo mi abbrutivo e con ciò negavo la mia femminilità. Il problema non era relativo solo al peso: dal lavarsi, al curarsi i capelli, la pelle... è stato un crescendo, in peggio. Sino a quando, arrivata a ventidue anni, ho incontrato il primo psicologo con il quale ho affrontato i temi dell'identità di genere, delle tendenze sessuali, ecc. Per la prima volta ho affrontato il problema per quello che era: mi stavo tenendo lontana da me stessa, in ogni modo, a causa di quell'equazione indotta culturalmente per la quale, se sei donna e non ti relazioni secondo i canoni dettati dall'eterosessualità, non sei degna della tua femminilità e quindi non ti rimane che negarla. Una cazzata, è evidente, ma a quel tempo non avevo gli strumenti per capirlo e reagire, alla fine l'ho talmente interiorizzata che ci ho costruito sopra la mia identità. Da allora provo ad avere per me un'attenzione che non ho mai avuto, a costruire un amore per me stessa senza riuscire a capire da dove cominciare. Qualcosa ho ottenuto, ma non abbastanza, tant'è che, almeno per quello che riguarda il rapporto con il cibo, la situazione è peggiorata. Magari in certi momenti riuscivo a frenarmi, ma poi mi lasciavo andare e si sa, dopo una dieta se non si riesce ad avere un'alimentazione controllata, l'incremento di peso è esponenziale, attualmente sono trentacinque chili oltre quello che dovrei. So di avere un quadro di me stessa piuttosto chiaro, ma non riesco a trovare un equilibrio, ad accettare intimamente di percorrere questa strada. Ho la sensazione di fare due passi avanti, poi devio, torno indietro, ricomincio... alla fine giro in tondo. Mi rendo conto, adesso, di aver superato la soglia di rischio: la mia salute fisica comincia a essere compromessa e da questa età in poi si potrebbero presentare dei problemi seri, inoltre le ripercussioni psichiche sono sempre peggiori. Insomma, ho razionalizzato il problema ma non sono riuscita a metabolizzarlo, trasporlo sul piano emotivo.»

È iperfagica.

«Prima non sapevo distinguere quando mangiavo per appetito, per il piacere di sentire i sapori, gli odori, o se compivo un'azione puramente riempitiva, ora sì. Essere iperfagiche significa accaparrare, accumulare, avere l'ansia di vuotare il piatto. Quando mi succede divoro tutto, in fretta, in eccesso, senza lasciare avanzi, sino al momento in cui non ce la faccio più e sento tutta la distruttività di quello che sto facendo. È un comportamento compulsivo. I comportamenti compulsivi vanno affrontati momento per momento, il sostegno psicologico e le diete da sole non bastano se poi non riesci ad affrontare il problema quando si presenta. È un esercizio quotidiano, è una pratica come smettere di fumare, come impegnarsi in una disciplina sportiva, va fatto anche quando non ne hai voglia o pensi di non potercela fare. C'è tutta una ritualità, devi attivare tutte le tue risorse, concentrarle, utilizzare qualunque metodo per distogliere l'attenzione dall'ossessione del cibo, ma io non ci riesco.»
Avanzo l'ipotesi che questo accada perché ancora non ha riempito quello che è, in tutta evidenza, un *vuoto* interiore, l'atto di riempirsi di cibo, in effetti, fa pensare alla *fame d'amore*.
«Il problema è che parallelamente al cercare di disintossicarmi dal cibo, devo lavorare su me stessa. Insomma, questo vuoto non lo posso riempire mettendoci altre cose, bensì nutrendolo. Ma come si fa a chiedere amore se per primi non ci si ama? In fondo basterebbe ascoltarsi, darsi spazio. Nutrirsi vuol dire rispettare dei tempi, darsi ciò che è necessario nella giusta quantità scegliendo in base al gusto fra

cose diverse. Alla fine tutto passa attraverso il corpo e si riversa nell'emotivo, lo stravolge.»

Serve per distogliere l'attenzione dal vero problema. Le chiedo quando ha cominciato a sentirsi così.

«Verso i dodici, tredici anni, non a caso è verso quell'età che cominciano i primi innamoramenti, che si comincia a guardare oltre se stessi.»

«Ma non credi che se questa *fame d'amore* si è trasformata in una patologia, abbia origini più profonde, ragioni antecedenti al momento in cui si è manifestata? Hai indagato in questa direzione?»

«Sì, ma che io ricordi la mia infanzia non è stata caratterizzata da eventi particolarmente traumatici, poi, se ero una bambina più sensibile di altre e ho avuto una risposta emotiva esagerata rispetto a situazioni che rientrano nella normalità, non saprei dirlo. Ho delle amiche che sono state picchiate dal padre eppure lo adorano, io ce l'ho avuta con il mio solo perché ho avuto la sensazione che a un certo punto mi rifiutasse. Lui non ha mai alzato le mani su di me, però ha trovato lo stesso il modo di ferirmi, o almeno così ho letto il suo atteggiamento nei miei confronti verso gli otto, nove anni.»

Non mi riferivo a eventi traumatici, a volte è lo stillicidio quotidiano che lascia i segni più profondi. Mi riferivo a quelle piccole dosi di rifiuto che s'insinuano giorno dopo giorno e a causa delle quali l'amor proprio e la stima di sé viene progressivamente meno. Uno stillicidio che si compie attraverso gesti apparentemente insignificanti, piccole disattenzioni, piccole sopraffazioni, umiliazioni.

«Penso di averle subite nella misura in cui le hanno subite tutti i bambini. Sostanzialmente sono vissuta in un clima di serenità e di amore. Se qualcosa ho subito non posso che riferirmi a quegli errori che comunque fanno tutti i genitori. Anzi, ci sono stati dei momenti in cui sono stata incoraggiata, sostenuta. Io penso che i miei genitori non siano stati né ottimi, né pessimi, hanno fatto del loro meglio. Queste però sono considerazioni che ho potuto fare da adulta. Dopo averli lungamente colpevolizzati, alla fine mi sono resa conto che erano persone come me e in parte li ho perdonati. Si sbaglia tutti, no?»

«Al di là delle razionalizzazioni postume, cosa diresti a tuo padre e tua madre se potessi dirgli cosa ti è mancato, cosa ti ha offesa, ferita? Partiamo da tuo padre: "Ce l'ho con te perché…"»

«Ce l'ho con te, tanto per cominciare, per quella volta che ostentasti imbarazzo quando mi vennero le mestruazioni, un imbarazzo che si manifestò come un atto di rifiuto, un rimprovero. Era il frutto della sua incapacità ad affrontare la mia crescita, penso adesso, ma a quel tempo ero ancora una bambina, avevo undici anni, in quale altro modo avrei potuto interpretarlo? Inoltre mia madre disse che non doveva saperlo. Quando lo scoprì da solo perché dimenticai in bagno un assorbente, mi rimproverò come mi avrebbe rimproverata se avessi lasciato in giro le mutande, tuttavia ancora oggi non so se era irritato più dal fatto in sé o perché l'avevamo tenuto all'oscuro, in ogni caso non mi fece sentire a mio agio rispetto a una cosa che sino a quel momento non avevo avuto difficoltà ad accettare. E poi non s'interessava a quello che facevo al di fuori della scuola, a meno che non fossero attività che piacevano a lui. Ricordo con enorme piacere che da bimbetti ci portava a pescare con lui, era la sua passione (prima o poi prendo la licenza e ci torno da sola per ritrovare quella sensazione di pace, quando con mio padre ci stavo veramente bene, andavamo in padule, ricordo l'acqua ferma, l'odore dello stagno, il galleggiante che si muoveva e poi andava giù, era bellissimo), però quando mi sono iscritta a un corso di karaté gli costava fatica venire a vedermi, non gliene importava nulla, con mio fratello, invece, era diverso: giocava a pallone e lui lo portava agli allenamenti, lo andava a prendere, andava a vedere le partite, perché quello gl'importava.»

«Si potrebbe dire che hai maturato un senso di inadeguatezza rispetto a lui, alle sue aspettative?»

«Sì, però per tante altre cose era presente, affettuoso.»

Capisco il tentativo di minimizzare, ma questi aspetti sono importanti, fondamentali. È grave che sia la femminilità, il carattere, la soggettività, a essere messa in discussione o, peggio, non essere gradita, sostenuta, in un momento cruciale qual è il passaggio dall'infanzia all'adolescenza. Il fatto che suo padre dimostrasse interesse nei suoi confronti solo quando faceva ciò che lo interessava direttamente, che gli piaceva, e invece avesse quantomeno indifferenza verso ciò che piaceva a lei, come persona, a prescindere da lui, forse ha influito molto più di quanto sia disposta ad ammettere

«Se da una parte avevo il complesso di Edipo, in quanto innamorata non corrisposta di mio padre, dall'altra non avevo bisogno di trovare una mia identità perché comunque c'era mia madre che era tutto e a tutto provvedeva. Risolveva i miei problemi, mi proteggeva, però probabilmente l'ha sempre fatto senza darmi la possibilità di reagire a modo mio, di percorrere da protagonista una strada che fosse completamente mia. Questo l'ha fatto anche con mio fratello e infatti pure lui ha dei problemi.»

«Da un lato c'era lei che inconsapevolmente ostacolava il formarsi di una tua identità, dall'altro c'eri tu che ti *abbandonavi* al suo temperamento covando nei suoi confronti un complesso di inferiorità, forse risentimento…»

«Sì, e questo l'ho provato verso tutte le donne delle quali mi sono innamorata o verso le quali ho avuto attrazione, ma qui dovremo affrontare il tema dell'invidia.»

Interessante. Divago ripromettendomi di tornare sull'argomento in un secondo momento. «Perché dopo tanto tempo da quando il tuo disagio si è manifestato (un disagio maturato negli anni precedenti ma manifestatosi con evidenza solo quando hai dovuto metterti in relazione con il mondo, esplicitando e confermando, tra l'altro, quell'inadeguatezza che ti attribuivi) non ne sei ancora venuta a capo?»

«Perché non l'ho mai affrontato seriamente, mi sono data tante giustificazioni, ho cercato il modo di salvare capre e cavoli. Anche rispetto all'omosessualità: ho trovato uno psicologo che invece di sorvolare, di darle l'importanza che ha, mi ha spinto a sviscerarla, e io alla fine mi sono attaccata a una lettura legittimamente più profonda e articolata, per non affrontarla, vuoi a causa dei sensi di colpa, della cultura, del legame a certi valori cattolici. Ci ho girato intorno dodici anni investendo tutte le mie energie nell'analisi e nella razionalizzazione del problema per impedirmi di viverlo, sperimentarlo, superarlo. Congelavo la mia emotività perché avevo paura che qualunque cosa avessi fatto mi avrebbe segnata a vita. Su una cazzata di questo tipo, sulle balle che ti raccontano o t'inventi da sola, ci si può costruire un'identità, si possono trovare equilibri che possono durare un giorno, ma anche per sempre. Vorrei essere una mosca per scoprire quante persone sono davvero felici, realizzate, contente di loro stesse... Adesso ho capito che devo fare un tentativo, non so se la vita che conduco è il meglio per me, ma intanto ci provo.»

«E dagli undici ai ventidue anni?»

«Ho patito. Mi sono costruita addosso il personaggio della sofferente, della rifiutata. Vivevo sempre amori impossibili, quindi a un certo punto o ne uscivo pazza o me ne facevo una ragione. Per non schiantare di testa entrai nel magico mondo degli psicofarmaci e al contempo trovai il modo di gestire la mia emotività traendo un sottile piacere dalle mie disgrazie, nella negazione di me, nei rifiuti che ricevevo, nell'impossibilità di vivere concretamente un rapporto, la sessualità.»

Una conferma: "Ho ragione quando asserisco che faccio talmente schifo che non mi si può amare", c'è autocompiacimento. È un rifugio e una consolazione, serve per giustificare, per non vivere, per non mettersi in relazione, alla prova. È il terrore del *niente*, di ciò che non comprendiamo e quindi temiamo, di noi stessi e del mondo. In altre parole: "Io sono stupida, grassa, brutta ed è a causa di questo che accadono cose che conosco e merito, è poco ma è pur sempre qualcosa, oltre potrebbe non esserci niente, potrebbe essere peggio".

«Quasi non ho esperienza di me in relazione a una donna. Ho provato coinvolgimenti fortissimi ma unilaterali. È da poco che ho deciso di buttarmi, non m'interessa più sapere se questa è la mia strada oppure no. Basta, non voglio più star male, desiderare di morire.»

Mi viene in mente che abbiamo dei criteri di scelta rispetto alle persone, e quanto più agiamo secondo determinate dinamiche, tanto più questi sono evidenti, costanti e uguali nel tempo. Le chiedo qual è il suo, qual è il segno, o i segni distintivi, che le fanno preferire certe donne rispetto ad altre.

«La femminilità. Ma non quella esibita, ostentata, bensì quella naturale, profonda, che si sa e intuisce, che attrae e respinge, che è inafferrabile, inspiegabile.»

Penso allo stereotipo femminino/materno. «Non credi di voler somigliare a queste donne?»

«Di più, le invidio, è questo il mio dramma. Ogni volta che ne avvicino una mi chiedo se mi piace per quello che è, o se mi piace perché semplicemente vorrei essere come lei. È sempre stato il mio cruccio, solo che ora non mi procura più angoscia, è un'eventualità, una motivazione fra tante. Un anno e mezzo fa, rinunciando a suicidarmi ho accetto il rischio, perché in certi momenti l'ho provato cosa vuol dire sentirsi più leggera, più vicina e in pace con me stessa, sono stata capace di stare da sola, godere delle piccole cose, ho avuto attenzione per me, la mia casa. In quei momenti ho sentito la voglia di aprirmi al mondo, di sperimentare, senza pormi il problema di essere come avrei voluto, bastava che fossi me stessa. Le ricadute positive erano più che evidenti: ero accolta bene, riuscivo a relazionarmi meglio, godevo maggiormente della compagnia degli altri, ero più serena, naturale, spontanea, ma questi momenti sono stati rarissimi e brevi, hanno lasciato una traccia lieve nel mio vissuto, erano e sono un'incognita.»

«In concomitanza con quali avvenimenti è accaduto?»

«Non lo so con precisione. Forse quando riuscivo a ottenere dei risultati, ad esempio durante una dieta, ma poi mi tornava la paura e ripiombavo nel buio, specialmente se qualcosa mi deludeva, se, nonostante tutto, ancora qualcuno mi rifiutava. Ma una cosa l'ho imparata: di fronte al rifiuto non mi sottopongo più all'umiliazione, scompaio sin quando mi è passata.»

«Tornando ai tratti caratteristici delle donne che scegli, oltre alla femminilità, cos'altro cerchi e ti colpisce? La forza, la capacità d'imporsi, di decidere? È psicologia spicciola, ma non ti sembra che ci sia somiglianza fra queste donne e tua madre? Bisognerà che tu ci faccia i conti, prima o poi. Non sei riuscita a conquistarla, né potrai farlo attraverso le altre, è una battaglia persa.»

«Lo so, e infatti lo sguardo che è ancora perso nei suoi occhi, dovrei rivolgerlo verso me stessa, ma non mi riesce. È un lavoro che non finirà mai, probabilmente. Qualche progresso c'è stato, ma niente d'importante.»

«Ti sei intestardita, Michela.»

«Sì. Mi sono costruita un'identità su tutto questo, non riesco a immaginarmi diversa.»

«Secondo il tuo metro non sarai mai degna di essere altro se non riuscirai a conquistare l'amore di questo tipo di donna che poi è tua madre. È un vicolo cieco perché non vi è nulla di autentico, sono tue proiezioni, dinamiche. È da qui che devi uscire altrimenti non potrai andare da nessuna parte.»

Michela è in difficoltà, avverto il dramma di non riuscire a trovare il bandolo della matassa. Mi rendo conto che non sempre serve sapere perché si fanno certe cose: l'istinto a reiterare i comportamenti che ci danneggiano talvolta è più forte di qualsiasi altra cosa.

«Se penso che ci sono persone che sopravvivono a esperienze terribili, che trovano la loro strada conservando gioia di vivere e curiosità mentre io mi sono arenata su delle sciocchezze...»

Ancora inadeguatezza, senso di colpa, inferiorità. Michela è intrappolata dentro se stessa. Non so cosa dirle, come aiutarla. Decido di andare oltre affrontando il tema delle relazioni amorose.

«Dall'inizio sono stati tutti innamoramenti non corrisposti (miei nei confronti di altri e di altri nei miei confronti), ma dopo i 26 anni mi sono anche capitate alcune storie di sesso sia con donne che con uomini, i secondi non spiacevoli e numericamente maggiori, ma in ogni caso non c'era coinvolgimento emotivo per cui dopo un po' non solo non mi bastavano più, ma diventavano fastidiosi perché mi rendevo conto che era un usarsi reciproco che alla fine mi lasciava l'amaro in bocca. Il sesso è importante ma viene dopo, ho voglia di coccole, ho bisogno di scartare la spesa insieme, ma mi rendo conto che vorrei cose che immagino perché non avendole vissute non posso conoscerle, ancora una volta mi baso su degli stereotipi.»

Le chiedo a bruciapelo se è lesbica aspettandomi una risposta secca, ma lei tentenna.

«Non lo so. È il *sei* che è un problema, che mi dà angoscia. Ti potrei dire che sono bisessuale, ma non credo sia esaustivo.»

«Ma se pensi a una vita a due, con chi la immagini? Con uomo o con una donna?»

«Ora con una donna, ma c'è stato un periodo in cui la vedevo con un uomo. Vedevo... Chi lo sa se era una proiezione, se in quel momento stavo semplicemente sperimentando la mia parte eterosessuale, stavo solo tentando di avvicinarmi al maschio come persona, per conoscerlo? Ora sto facendo la stessa cosa nei confronti delle persone/donne. Io vorrei una donna accanto ma poi non lo so se all'atto pratico mi piacerebbe. È anche questo il dramma: non ho esperienza né in un senso, né in un altro, come faccio a sapere cosa mi piace, cosa è adatto a me?»

«In base alle esigenze e alle aspettative che stanno emergendo, non dovrebbero esserci dubbi.»

«Sì, ma vedi, io per non fare confusione fra desiderio e necessità mi sono costretta in una specie di limbo emotivo e sessuale, non me la sono sentita di indagare la mia omosessualità ma allo stesso tempo, non sentendo attrazione per i ragazzi, sono rimasta ferma nel mezzo chiedendomi cosa mi stesse succedendo e questo mi ha fregata perché per vent'anni mi sono castrata, non ho vissuto né la mia sessualità né la mia affettività. *Omo* o *etero* sono parole che non dovrebbero riferirsi alle pulsioni sessuali fini a se stesse, ma dovrebbero definire la personalità sessuata. Nel senso comune invece, è omosessualità qualunque pulsione verso persone del proprio sesso, in qualunque modo, consciamente o inconsciamente, si manifesti (nel mio caso era più che evidente perché m'innamoravo delle mie coetanee, le altre magari andavano al bagno insieme a truccarsi, passeggiavano a braccetto e niente più, ma erano in ogni caso espressioni di tipo omosessuale). Tutto il mio interrogarmi verte su questo: la mia personalità sessuata, com'è? Chiedere se una persona è lesbica o eterosessuale, è una domanda mal posta alla quale si può rispondere solo vagamente, non entra nel merito. Si può rispondere che si cerca la soddisfazione della libido con un uomo o una donna, ma questo non ha niente a che vedere con l'intima natura dei sentimenti, con la definizione sessuale della personalità.»

Penso che se avesse trovato uno psicologo diverso, adesso non saremmo qui a fare i conti con questo intrigante, ma pazzesco e forse inutile panegirico, penso a quanto certi accademismi possano distogliere, inibire o immobilizzare, comunque portare lontano da se stessi.

«Ecco perché in tutti questi anni mi sono trovata in difficoltà di fronte a questa domanda. Sei la prima donna lesbica che annuisce, che mi guarda con interesse, ma chiunque altro ha reagito come se venissi da Marte: "Ma che cazzo dici? Uno se è finocchio è finocchio". Perché? "Perché c'è nato". Non è vero! Io penso che quelli che ci nascono sono veramente pochi. Ripeto, vorrei essere una mosca per poter vedere, al di là di tutti i discorsi, chi veramente è se stesso sino in fondo e chi invece deve fare i conti con le proprie zone d'ombra, più o meno grosse, che poi sono messe a tacere in molti modi, perché gl'incubi fanno paura, e ti convinci di tante cose che non sono vere. Se riesci a condurre una vita abbastanza soddisfacente, riesci a non avere nevrosi invalidanti, va bene, va bene tutto – ma non se ne può parlare seriamente senza scendere in profondità. Per quello che mi riguarda, sì, ne ho parlato tanto e con tanta serietà, quindi ho razionalizzato e capito, però non mi ha aiutata perché alla fine mi sono bloccata emotivamente: crisi di ansia, angoscia, depressione, martirizzazione del mio corpo con tutte le conseguenze del caso sino a quando, nel 2002, sono arrivata al punto di chiedermi "Apro o non apro il gas?" e lì ho preso una decisione: non me lo voglio più chiedere! Non voglio più ragionare su questo. Voglio vivere, voglio incontrarmi con le persone, voglio dare spazio, voce a questo amore che non ho saputo e potuto esprimere, e vediamo come va. D'altronde, se è vero che è l'invidia che mi muove verso le donne, come posso pormi? Risposta: non me ne frega nulla. Se mi guardo intorno vedo che tutti vanno avanti per tentativi, perché non dovrei farlo io?»

«Da quando hai deciso di non aprire il gas, ti sembra che la tua vita sia migliorata?»

«Sì. Non ho più avuto crisi importanti, solo qualche cedimento.»

«Ci vuole pazienza, Michela, indulgenza. Vieni da vent'anni di abisso, devi abituarti a stare con la testa fuori dalla melma, non è facile.»

«Infatti. Non ho riferimenti, però so riconoscere che sono momenti transitori, non è più la disperazione totale di prima che mi travolgeva e per una minima sconfitta mi ci voleva un mese per riprendermi. Adesso riesco a contestualizzare, a dare a ciascuna cosa il valore relativo che ha, il che non vuol dire ignorare le emozioni, ma viverle. Questo atteggiamento mi dà la libertà di godere anche della rabbia, del dolore, riconosco il diritto che hanno le mie emozioni a esprimersi, perché non mi succede nulla se piango e ammetto che sto soffrendo, lo posso sopportare, non sono più persa.»

L'ascolto e penso che occorre dirsele certe cose, anche se non sono del tutto acquisite, vere, serve per farsi coraggio, consolarsi, talvolta illudersi. «Non pensi che a questo punto dovresti legittimamente avere fiducia nella possibilità di superare i tuoi problemi legati all'alimentazione, all'uso di psicofarmaci, dandoti i tuoi tempi, tenendo conto che vivi da sempre in questa condizione, di questo?»

«Sì, voglio crederlo.»

«Lo so, è difficile staccarsi, tagliare il cordone, da se stessi, soprattutto, da quella parte di noi che è il conosciuto.»

Michela annuisce. Mi racconta che frequenta da tempo un gruppo di sostegno. Scavano, fanno esercizi e test, disegnano con la mano sinistra per far venire fuori il sé autentico, incondizionato.

Tagliare il cordone è un po' come nascere a seconda vita. Ci sono persone che sono talmente strutturate, sedimentate, che non riusciranno a viverla. A volte penso a quelle donne che hanno scoperto la propria omosessualità, o la parte omosessuale di loro stesse, a quaranta, cinquant'anni, trovandosi nella condizione di poter ricominciare. Chi ha già dato, chi non ha più fiducia o energie, non avrà una seconda opportunità.

«Non riesco a trovare niente di più bello di una donna.»

Già.

Il posacenere è colmo. Il lavandino pieno di tazzine da caffè. Mangiamo qualcosa. Commentiamo le notizie del TG. Michela mi racconta le sue avventure amorose. Siamo sfinite. Ci lanciamo in analisi da Bar Sport: la natura umana, l'identità maschile e femminile, la sessualità. Decidiamo di guardarci il film di François Ozon, "8 donne", è bellissimo, non l'ha mai visto. Guardiamo anche "The Hours". A notte fonda ci salutiamo. Rimango sola e mi prende lo sgomento: non ce la farò mai a trascrivere tutto, a sintetizzarlo. Finalmente mi corico. Spengo la luce.

Domani è un altro giorno.

10

L'INDIFFERENZA UCCIDE

9 Gennaio 2004

Lo sguardo di Miriam è fermo, apparentemente senza incertezze, paura, a tratti severo, sembra intagliato nel viso, l'opera di un esperto ebanista, o un fine cesellatore. Ha gli occhi castani, l'iride inanellato. Quando ride sprigiona calore, disarma, un riso che sorprende tanto ci si abitua all'orrore che le parole affidano alla memoria. Ha denti e mani bambine. Il corpo segnato dalla malattia e dalle violenze. Ha ventiquattro anni, dialettica, cultura, educazione, è sagace, delicata, rispettosa. È bella. Una gemma preziosa sfuggita alla morte, ma non al saccheggio. Tutto le hanno rubato, di tutto l'hanno privata, eppure…

La vado a prendere alla stazione. Sono un po' preoccupata. So che saranno ore dense di emozioni, so che dovrò fronteggiare i suoi e i miei fantasmi, domande che rimarranno senza risposta. So che non potrò far nulla, né dovrei.

Scende dal treno e subito mi spiazza la familiarità. Nel tragitto dalla stazione a casa, parliamo, ridiamo. Per il pomeriggio le prospetto una passeggiata in città, una conferenza, per la sera abbiamo un invito a cena, ne è felice, o almeno mi pare. Pranziamo. Prendiamo il primo di un'infinità di caffè e il racconto, spaventoso, cominciato per lettera e telefono, riprende.

Miriam ha subito ogni sorta di violenza psichica e fisica sin dalla più tenera età. Suo padre era un autentico sadico, un vero criminale: la prendeva a cinghiate ma prediligeva la frusta, le fratturava gli arti, le spengeva le sigarette addosso, la picchiava con ferocia e godimento, senza ragione, per il piacere di farlo. Le infliggeva le sue torture con metodo scientifico: preparava la gogna con calma e mentre la legava le diceva che era buono, che era costretto a punirla perché era stata cattiva, che soffriva tanto nel farlo ma non aveva scelta. E in lei cresceva la compassione, il senso di colpa, sempre più si predisponeva a essere come egli e ognuno voleva. Gli abusi sessuali (con penetrazione) sono cominciati verso i quattro anni e sono durati sino all'adolescenza, il cugino, il fratello, la baby sitter. Un lungo inferno dal quale non poteva e non voleva fuggire, che nessuno intorno a lei avvertiva come tale, nemmeno sua madre, una letterata bella e distante, impenetrabile e incomprensibile, come la pazzia.

Mentre parla combatto contro le lacrime, contro la tentazione di difendermi dall'insostenibilità della sua storia pensandola frutto di una mente malata, o fantasiosa, più della mia.

Da anni una patologia rara e invalidante le causa numerose disfunzioni, anche gravi: sbalzi d'umore, disturbi del sonno, assenza di mestruazioni, cedimento dei tessuti, colesterolo alle stelle, alterazioni del sistema pilifero, ipertensione, dolori addominali, adiposità, fragilità delle ossa. Mi racconta di essere stata un'atleta, confessa di provare disagio, adesso, in questo corpo deforme e sofferente.

Cerco d'immaginarla adolescente quando ancora l'orrore era respiro e carne, la vedo che impacchetta la donna che più ama, sua madre, e la mette su un treno, se ne priva consegnandola al suo destino. Vedo lo sguardo vuoto di sua madre, allucinato, lo vedo aggirarsi in una camera d'albergo, la sento parlare al telefono con il marito, raccontargli con calma di un uomo tanto gentile. "Potevi scopartelo", dice lui, ma lei non lo ascolta più, gli promette soltanto di fargli il regalo più bello della sua vita. Riattacca. Prende dalla borsetta un trincetto e comincia a recidere uno a uno i fili sottili che distrattamente la tengono legata alla vita, alle illusioni inseguite con ostinazione, bugiarde, inutilmente infrante. Partendo dai polsi traccia sul suo corpo la mappa del dolore, dipinge la stanza di cremisi, in ultimo le vene del collo: un colpo di pennello risoluto e geniale, incontrovertibile. Sdraiata sul letto non ha nemmeno il tempo di prefigurarsi la faccia di chi la troverà, di riderne, o piangerne. Quindici secondi appena, tanto dura l'ultima, estrema difesa di sé. E la vendetta si compie, fiera, senza appello. «Bambina mia, ho provato a fingere che non me ne importasse, che tutto fosse come volevo, ma niente lo era e tu non sei stata capace di riempire il vuoto, a niente è servito generarti, usarti, lasciarti plasmare.» No, non ha pensato questo, non ha pensato a nulla, probabilmente, ma nella testa bambina di Miriam ciò deve aver letto nel sangue che gocciolava sul tappeto, questo è ciò che ognuno ha sottinteso rimproverandola per averla assecondata, e la colpa è diventata grande con lei, si è affacciata alla vita divenendo aria, infusa, espiata difendendo un fratello insano e vacuo che pretende da lei pompini, un padre incrollabilmente fiero della propria disumanità, del proprio potere, della propria ferocia, da sempre scellerato e incapace d'amore, infermo, divenuto ubriacone, insolitamente mite con il progredire del tumore, della cirrosi e del diabete, in ultimo testimone di Geova, come se bastasse pregare per salvarsi l'anima.

Trema Miriam, talvolta ansima. I miei occhi diventano lucidi, i suoi, impietosi e coscienti percorrono il tempo, e io lo vedo stagliarsi sulle pareti, in technicolor.

Eccola che salta sul letto con sua madre: ballano e cantano. Miriam non ha occhi che per lei, altro non vuole che sentirla ridere. Fedele e attenta si perde ad ascoltarne i deliri, a interpretarne il senso. I tarocchi sulla tavola, la mano che carezza il buio, il gelo che dilaga, avvolge, inghiotte. Piccolo viso adorante, perdutamente innamorato, piccolo angelo pronto a tutto per una briciola di disprezzo o indifferenza, che nient'altro conosce e quindi nient'altro chiede, mite, arreso agnello sacrificale, persino lieto di farsi appendere e squartare.

Erano ricchi, una famiglia modello invidiata e stimata, ma dietro le mura domestiche non vi era che amoralità, sopraffazione, abusi. Ognuno era complice, vittima e aguzzino insieme.

La rabbia mi prende. Vorrei stringerli al collo tutti, uno a uno, soffocarli lentamente, vederli inghiottiti, trascinati all'inferno. Allargo le braccia e urlo, maledico gli uomini e chiedo a Dio perché, ma so già la sua risposta: "Perché serve", e allora sento il peso della consapevolezza spezzarmi la schiena, rendermi compassionevole, ferita aperta che accoglie e trasfonde vita, significanza. La pioggia purifica. Piegata sulle ginocchia sento l'ombra della croce incombere. Non ho bisogno di chiedere per sapere che lo spazio fisico, il tempo, il senso delle cose, ha bisogno d'una misura per essere definito, che la misura è data dagli opposti, relativa ma proporzionale, collocata fra due limiti equidistanti, umanamente comprensibili, accettabili.

Quanto più enormi sono gli orrori subiti, quanto più miracolose e preziose sono le esistenze di chi sopravvive, ma come persuadere che non vi è indegnità in questo? Che vi sono uomini e donne, padri e madri, capaci di oltrepassare i limiti senza averne coscienza o vergogna? Che vi sono milioni di figli, in quel poco di carne e ossa che i padri hanno lasciato loro, destinati, emulandoli, a confermarli. E altri, pochi in vero, che ci riscattano e nobilitano nonostante il disprezzo che spesso abbiamo per loro, nonostante loro stessi non possano darsi il valore che hanno, non riescano a vederlo?

Miriam è sopravvissuta, ma porta indelebili i segni delle torture, della morte psichica verso la quale era spinta. È passata dalla bulimia all'iperfagia, dall'autolesionismo all'insonnia. Sei tentativi di suicidio. Le fratture, le ferite, la malattia, ha dovuto far tutto da sola: curarsi, crescersi, capirsi, provare ad amarsi, difendersi, affermarsi. L'ha fatto svendendosi, bevendo, chiudendosi in se stessa. Enfant prodige da subito e anche ora che lotta per non somigliare alla sua stirpe, per non essere creduta una pazza, una bugiarda, anche ora che si apre al mondo, disillusa. Sola nell'ultima casa abitata dai suoi aguzzini ormai incorporei o prossimi a esserlo: il padre che deambula, beve, fuma, bestemmia, la pretende madre e infermiera, dilapida tutto, si riempie di debiti e finalmente muore; la madre che chiude gli occhi perché non vuol vedere e fantasma si aggira nel silenzio; il fratello stupratore che si crede Dio; il cugino stupratore che con un piede nella fossa le chiede perdono. Povera Miriam. Mi racconta la sua grande casa, le sue grandi ferite, me le mostra e io penso che meglio sarebbe se vendesse tutto, si lasciasse tutto alle spalle, per sempre, e forse, prima o poi, lo farà.

Non le interessa il denaro, non vuole la macchina, il sesso è l'ultimo dei suoi pensieri, vorrebbe diplomarsi ma non riesce a essere costante, ad avere interesse per cose che conosce già.

Ricorda la sua infanzia isolata e solitaria: «Ero una bambola senza identità. È come se fossi nata per esserlo. Ero carina, servizievole, non mi opponevo a niente, non avevo opinioni, quasi non avevo sentimenti, ero come mi volevano. Non potevo uscire, frequentare gli altri bambini, era sconveniente, non era educativo. A tre anni già facevo una scuola preparatoria, sapevo leggere e scrivere anche se non volevo, mi rifiutai sino ai sette di scrivere, leggevo di nascosto, perché era opprimente, perché dovevo scrivere e leggere quello che volevano loro, serviva solo a far vedere agli altri quanto ero brava, simpatica, mite, che mangiavo con il coltello e la forchetta, che ero educata, bellissima, vestita bene, un oggettino, un giocattolino. Mio fratello ha un anno meno di me, gli è andata meglio: perché era un maschio, perché per mio padre era anche un po' scemo, perché non era funzionale ai loro piani, interessi, forse perché non era remissivo come me, sapevano di non poterlo piegare e forse nemmeno gliene importava. Eravamo sempre soli. Nonostante tutto aspettavo con impazienza che mio padre rincasasse, sino a tardi (avevo l'ossessione di non dormire perché pensavo che il sonno levasse tempo alla vita). Mi lasciavano con la baby sitter che abusava di me, faceva le prove, si esercitava per i suoi incontri con il fidanzato.»
«Cosa pensavi quando accadeva?»
«Non pensavo a niente perché ero già abituata. Il primo bacio l'ho subito a quattro anni, da mio cugino, lui ne aveva sedici. Ricordo che stavo lì con gli occhi aperti, perché non capivo, non aveva senso. Mi ha violentata quasi subito e non ha più smesso sino ai dodici. Mio fratello era precoce, ha cominciato a farmi violenza che avevo circa sette/otto anni e ha continuato sino quando ne avevo quindici/sedici, era violento, un gigante rispetto a me. Alla fine era normale, ero abituata a essere usata. Mio padre mi esibiva, diceva: "Guardate quant'è bella e quant'è brava, farà il liceo classico e diventerà un medico così mi salverà, mi guarirà lei". Aveva perso una gamba a vent'anni, beveva nonostante l'epatite, gli avevano dato appena qualche anno di vita eppure è sopravvissuto contro ogni logica, ogni previsione. Macchine, donne, denaro a fiumi, mazzette, truffe, non si faceva mancare niente, non aveva

scrupoli, è stato l'amicone di tutti, solo in famiglia, con me, tirava fuori il suo lato bestiale, sadico. Mia madre non l'ha mai toccata, con mio fratello una volta ci ha provato ma lui reagì con una tale violenza che da allora non lo fece più. Invece io ero succube, rassegnata, quindi si è potuto divertire quanto e come ha voluto, d'altronde, nella mia testa ero io quella che sbagliava, che lo metteva nelle condizioni di punirmi. A un certo punto cominciai a desiderare di morire, ho iniziato a provarci verso gli otto/nove anni ingerendo collutorio e mangiando foglie di batata perché avevo letto che erano velenose, poi a dodici, tredici, quattordici, l'ultima quest'anno, ad aprile, quasi sempre usando farmaci perché li conoscevo e perché non avevo paura di una morte dolorosa. La cosa buffa è che non se ne sono mai accorti tranne una volta, perché nella mia imperizia, o forse perché inconsapevolmente non lo volevo davvero, sbagliavo le dosi. Le ultime due volte è stato diverso: prima mi sono buttata in un canale, cinque metri di volo e non è successo niente, poi ho provato a tagliarmi le vene ma non ne conservo un ricordo chiaro, ero veramente fuori di me. Comunque sia, nell'assenza di controllo e attenzioni, a un certo punto salta fuori la malattia, probabilmente congenita, presumibilmente conclamata dai sei/sette anni, ma nessuno ci aveva fatto caso. Verso i sedici anni un ragazzetto m'investe con un motorino, rimango tre ore con la quinta vertebra cerebrale e la caviglia fratturata, un ginocchio partito completamente, perché nessuno dei vicini vuole prendersi la responsabilità di chiamare un'ambulanza, poi arrivano i miei e finalmente mi portano all'ospedale dove non si rendono conto della fragilità delle mie ossa dovuta alla sindrome. Più tardi l'ho scoperta da sola, cercando su Internet qualcosa che spiegasse i miei sintomi.»

Le chiedo di sua madre.

«Un giorno, non so perché, la vedo impazzire, parla con le mosche, comincia a divinare: cose senza senso o con un senso mostruoso, cose accadute o non accadute. Era intelligente, intuitiva, sensibile, perciò riusciva a leggere con facilità nelle persone, diceva loro quello che volevano sentire e questo l'aveva resa popolare, amata e anche temuta. Era una donna bella, appariscente, curatissima, ricordo che cominciò a diventare magra, sempre più piccola, curva, chiusa in se stessa. Portava una borsa, se la stringeva contro il petto, guardava gli altri con uno sguardo che non so spiegare: freddo, vuoto, era come se gli occhi da castano-verde fossero diventati bianchi. Mi faceva impressione, mi faceva paura, era lo sguardo tipico dei pazzi: la follia che ti brucia dentro, che ti divora. Ma io l'adoravo, l'amavo disperatamente. Improvvisamente la normalità non mi è sembrata più tale, la mia sottomissione mi è parsa vana: lasciavo che facessero di me quello che volevano perché fossero felici, ma mia madre non lo era più. Allora ho capito di aver sbagliato e ho deciso di cambiare le sorti della mia famiglia che intanto era entrata in conflitto con il vicinato (ancora oggi i rapporti sono difficili, per loro continuo a essere la figlia squinternata e lesbica della pazza e dell'ubriacone). Verso i sedici/diciassette anni andiamo in vacanza dai parenti, tutti notano che mia madre è quantomeno strana, comincio a essere davvero preoccupata perché mi rendo conto che nessuno avverte il problema, lo prende sul serio. Arriva l'autunno, la situazione degenera fra mio padre che si lancia nell'ennesima impresa fallimentare della sua vita dilapidando denaro proprio e altrui, facendosi truffare e truffando, sempre più ubriaco e violento, e mia madre che vaneggia, non parla o si esprime per metafore, dà d'ogni cosa un'interpretazione sempre più metafisica, lontana dalla realtà. L'ambiente è ostile, mia madre non ha amici, si sente sola, vuole la sua famiglia, le manca tanto, ne parla sempre. Scappiamo, penso, mio padre non capisce, non gliene frega niente, non farà niente per lei, per noi. Rubo dei soldi, metto al sicuro mio fratello spedendolo dai parenti e pianifico di raggiungerlo con mia madre appena possibile. Finalmente riesco a convincerla e una notte partiamo di nascosto lasciando mio padre sul divano, ubriaco e nudo, incosciente. I miei zii non sanno come fare, mia madre smette di mangiare, è sempre più catatonica, la costringono inutilmente e senza convinzione ad andare da uno psichiatra, ovviamente non accetta le cure e allora gliele somministrano di nascosto, senza controllo e senza che vi sia una diagnosi vera e propria, senza che sia davvero seguita. Tuttavia sembra che stia un po' meglio, ricomincia a mangiare e talvolta viviamo anche dei momenti sereni o divertenti. Allora decidono che è arrivato il momento che si prenda la responsabilità di se stessa, che prenda da sola le sue medicine, ma lei ovviamente non lo fa. Siamo al 26 febbraio. Mia madre dorme vestita, stringendo a sé la borsa, i taccuini, la rubrica piena zeppa di numeri telefonici. Era completamente bipolare, a vederla da fuori ti accorgevi che c'era qualcosa di strano, ma non così tanto. Torna buia e nera, senza darlo a vedere. Il 27 decide di tornare a casa da mio padre perché "in due ci si fa forza". Prende il treno e io la vedo passare in un attimo dal sorriso al vuoto totale. Arriva a Milano ma dice di essere altrove, ci telefona per sapere se può tornare, chiama mio padre e la realtà torna identica a se stessa, esattamente come non voleva che fosse. Cala il silenzio e attua la sua vendetta. La notte fra il 28 e il 29 febbraio si toglie la vita.»

Pianti, veglie funebri. Comincia il saccheggio del cadavere. Ognuno si avventa: sui vestiti, sui gioielli, su tutto. Miriam vegeta, è sballottata come un pacco postale. Velatamente la accusano di non essere stata in grado di salvare sua madre, di essere in qualche modo responsabile della sua morte perché, forse, se avesse lasciato le cose com'erano, ogni cosa si sarebbe aggiustata da sé, per magia, per miracolo.

Miriam diventa aggressiva. Un'altra persona. Smette i panni mansueti e remissivi della figlia modello. A diciassette anni decide di tornarsene a casa, da sola. Suo padre cerca d'impedirglielo e lei se ne libera minacciando di denunciarlo. Verso la fine dell'anno scolastico incontra Elisa ed è subito amore, corrisposto, vissuto senza farsi domande.

«La vera "prima volta" l'ho avuta con lei, ed è stata magnifica, naturalissima. Un senso di liberazione, pulizia, di perdono, di conciliazione con me stessa, con il mondo, con tutti. È stata un'estate indimenticabile: vivevo da sola, fumavo e bevevo come una pazza, non avevo orari, regole, non dormivo, mi mantenevo attingendo il denaro da un conto bancario di mio padre gestito allegramente dalla banca. Elisa è stata la vita per me, è stata una fortuna esagerata, senza di lei non ci sarebbe stato niente perché avevo perso tutto: avevo perso il pianto, la gioia, qualsiasi sentimento, mi trascinavo in relazioni fredde, vacue e vuote nelle quali continuavo a essere un oggetto e gli uomini lo erano per me, per motivi diversi, ovviamente. Sono stata l'orrido corrispettivo femminile della maschile fantasia della "botta e via, sesso senza complicazioni", solo che io ne ero capace davvero, loro no. Ero ferma e fredda nei miei propositi, per me era uno sfogo, niente di più. Non avevo problemi sessualmente, ma gli uomini non m'interessavano, non mi emozionavano neanche un po'. Elisa, invece, era candida, pura, era un folletto, divertente, buffa, buona, intelligente, testarda, gioiosa. Era tutto e lo è ancora, è diventata la mia famiglia. Insomma, ricomincia la scuola e i suoi trovano una lettera nella quale scrivevo semplicemente che provavo il desiderio di proteggerla e amarla: succede il finimondo e questa reazione spropositata finisce per accelerare il nostro rapporto, perché se sino ad allora non c'era ancora stata una componente sessuale, da quel momento arriva, arriva il desiderio di scappare, di stringerci una all'altra. Mio padre intanto torna. Divento tirannica nei suoi confronti, cambio. Non può alzare le mani perché non glielo permetto più. Probabilmente ha cominciato a vedermi come un essere umano solo nel momento in cui gli ho impedito di usarmi violenza. Non se ne raccapezzava però mi trovava bella, ne sono certa. Ci sono stati dei momenti di tenerezza vera fra noi: talvolta mi guardava, mi toccava il viso e diceva, "Come sei bella, ti vedesse la mamma". Rispetto al rapporto fra me ed Elisa, si comportava in modo strano: a tratti era persino complice, ma lo faceva più da amico che da padre. Elisa veniva da una famiglia alto-borghese, perbenista, cattolica. Era talmente bella che non poteva essere lesbica. Devi essere uno scorfano, un uomo mancato per andare con una donna, solo allora la gente riesce a farsene una ragione. Secondo me non è necessaria una cultura gigantesca per essere vicini a una persona, per accettare l'omosessualità. Puoi essere anche l'ultimo dei contadini. L'intelligenza è un'altra cosa, non è cultura, però, sai come si dice: "una persona colta è più aperta", in effetti così avrebbero potuto essere i suoi genitori ma non lo furono. Sua madre era ossessionata dal suicidio della mia, non riusciva a darsene una spiegazione e perciò maggiormente mi avvertiva come una minaccia per la figlia, suo padre era la vittima di questa famiglia matriarcale nella quale l'uomo non ha senso, significato.

Erano sul punto di separarsi ma la nostra relazione ha finito per creare nuovi equilibri, è stata un pretesto per riunirsi, coalizzarsi contro un obiettivo comune: dividerci. Si è venuta a creare una situazione pazzesca: hanno assoldato un'agenzia d'investigazioni, hanno speso milioni per farmi controllare, hanno urlato, minacciato, messo in mezzo i miei parenti, mio padre, ma io ormai avevo smesso di avere paura. Quell'inverno mio padre mi buttò fuori di casa. Per stare vicina a Elisa senza preoccuparla non le dissi nulla. Dormivo sulle panchine, nei garage, poi per fortuna ci fu l'occupazione della scuola e per un periodo dormii lì, non mi mancava assolutamente niente, sono stati mesi bellissimi. Ad aprile mi buscai una pleurite e mio padre mosso a compassione mi venne a prendere.»

Elisa era cagionevole, anoressica, bulimica. Sua madre era fissata con le diete macrobiotiche. La "vedevano grassa", fuori dallo stereotipo della fighetta borghese alla page, ossuta e cigolante come le modelle fintamente patinate, faccia-fintamente-acqua-e-sapone-la-vita-è-un-parco-giochi-e-tutto-è-facile-se-sei-ricca-bella-e-scema. Ancora aspettative insane, devastanti, la negazione sistematica di una individualità da proteggere, preservare, incoraggiare. L'avevano depauperata, privata del piacere di crescere. L'incontro con Miriam è stato decisivo e forse le ha salvato non solo l'anima, ma anche la vita, le ha permesso di acquisire consapevolezza, autonomia, l'ha restituita a se stessa.

«Quando ci conoscemmo, a poco a poco smise di vomitare, ricominciò a mangiare. Un giorno i suoi genitori mi prelevarono con la forza per "parlarmi", mi dissero che mi erano grati di questo ma che dovevo lasciarla perdere. Adesso sta bene, anche troppo! Quando l'ho conosciuta non aveva mai mangiato un toast, la cioccolata, ha visto la televisione per la prima volta a dodici anni. Avevano dei metodi educativi "alternativi", loro. Una notte mi telefona alle tre e mi dice che sua madre l'ha buttata fuori. Le dico di tornare a casa e di chiamare i carabinieri, l'indomani avrebbe preso le sue cose e sarebbe venuta da me, tanto vivevo prevalentemente da sola, mio padre ormai se ne lavava le mani di tutto e tutti, non ci stava quasi più con la testa. Furono mesi di una gioia totale. Andavo avanti facendo i lavori più improbabili, i giorni erano veloci, passavano in un attimo, pieni di luce, tenerezza. Quando mio padre tornava lo sopportavamo. È stato pesante, penoso, in ultimo si era fatto testimone di Geova. Un giorno mi ha detto "Io faccio un figlio con lei, tu lo cresci e a diciotto anni lo diamo ai testimoni di Geova perché sarà il Messia". Era completamente andato. Nel frattempo mio fratello compie diciotto anni e decide di tornare perché vuol prendersi quel che è suo: soldi, casa, ecc. A giugno arriva, si piazza sul divano senza fare un cazzo dalla mattina alla sera, è narcolettico, prova a ottenere da me prestazioni sessuali e di fronte al mio rifiuto m'implora di non guardarlo come se fosse un mostro, vai a spiegarglielo che non potevo guardarlo in modo diverso perché era un mostro. Io ed Elisa sopportiamo anche lui. Perdo l'anno perché devo lavorare altrimenti non si mangia, contestualmente esplode la malattia e io comincio a star male senza sapere cosa avessi. I genitori di Elisa si piazzano davanti a casa nostra per una settimana, alla fine mi lascio pestare perché quella storia doveva finire, chiamo i carabinieri e li denuncio. Finalmente muore mio padre, mio fratello si prende tutto quello che può (tranne i debiti che sto ancora pagando) e se ne va inseguendo uno dei suoi deliri teosofico-razzisti. Elisa è stata eccezionale, talvolta mi chiedo come abbia fatto. Ha vissuto tutto questo per me, con me. Senza di lei non so come sarebbe andata a finire.»

Sono passati quattro anni. Miriam, dopo essersi chiusa quasi completamente in se stessa sta cercano adesso di aprirsi. Elisa ha un ottimo lavoro in un'altra città che la impegna moltissimo. Ora è lei che dà una mano a Miriam. Si vedono poco. Il loro rapporto è in crisi anche per questo, non solo per le ricadute che la malattia di Miriam infligge loro, per il bisogno di conoscere cose nuove e sperimentarsi in relazione a esse. Miriam ha ritirato la denuncia verso i suoi genitori e ha favorito il loro riavvicinamento, un altro capitolo chiuso.

La immagino aggirarsi per casa, accudire i suoi gatti, passare le notti sveglia. Mi si stringe il cuore. Le chiedo cosa farà questo Natale, se lo passerà con Elisa o se sarà da sola. Mi rassicura: per un po' staranno insieme.

Domenica. È arrivato il momento di salutarci. Non siamo andate alla conferenza, non le ho fatto visitare la città. Il flusso di parole non si è quasi mai interrotto. Sono stati due giorni intensi, faticosi. Raccolgo i cocci. La guardo salire sul treno e comincio a preoccuparmi: avrà qualcosa per farsi da mangiare stasera? Riuscirà a dormire, stanotte?

Un'amica recentemente mi ha detto: «L'unica cosa che devi assolutamente evitare, è lasciarti coinvolgere» - lo so, ma, Dio, è così difficile - l'indifferenza uccide.

11

FUOCO CHE BRUCIA

13 Febbraio 2004

Itala mi riceve nella sua bella casa. Grande, ordinata, profumata, un po' démodé. Sono molto incuriosita.

Suo figlio arriva all'improvviso, inaspettatamente. Itala non mostra alcun imbarazzo, tuttavia non mi presenta, d'altronde lui va di fretta: prende un borsone e sparisce. Accetto un caffè e la seguo in cucina. Mi spiega che si è separata da qualche anno, che entrambi i figli hanno deciso di stare con il padre ma per comodità vivono da lei la maggior parte del tempo.

«Ho conosciuto mio marito che avevo sedici anni, lui diciotto. Un colpo di fulmine, reciproco, e ci siamo sposati quasi subito. Siamo sempre andati d'accordo, c'era intesa, complicità, amicizia, ci piaceva frequentare gli amici, andare in giro, ma dopo tanti anni insieme un po' di noia è normale. I figli crescono e hai più tempo a disposizione, cominci a rilassarti. Facevamo sesso, certo (a entrambi è sempre piaciuto, molto), tuttavia sentivo che qualcosa stava cambiando. Lui non era il tipo da una botta e via, tanto per fare, e in fondo, passati i primi imbarazzi, non mi costava fatica assecondarne le fantasie, anzi. Cominciò portando a casa delle riviste pornografiche, poi passò ai video. Una sera, per gioco, ne fece vedere uno ai nostri amici, io non ero d'accordo ma con la scusa di farci quattro risate. Fu una progressione: un po' per volta cominciò a parlare quasi esclusivamente di questo. Quando facevamo l'amore non eravamo più io e lui da soli: c'era sempre qualcun altro, idealmente, intendo. Mi chiedeva delle cose e io lo accontentavo anche quando non mi andava perché, vedi, era eccitante e poi a lui piaceva, era come se fossimo tornati ragazzini.»

Itala è alta, curata in ogni dettaglio, profumata, come la sua casa. Non è bella, ma di certo non passa inosservata: calze a rete, gonna inguinale, tacchi acuminati da vera *padroncina*, camicetta semitrasparente pizzi e lazzi, reggiseno a balconcino, unghie laccate, capello vaporoso, trucco... alle dieci del mattino. La seguo in salotto. Mi sento un chihuahua.

«Una sera usciamo a bere qualcosa e all'improvviso mi dice: "Ti porto in un posto dove c'è da divertirsi". Arriviamo in un parcheggio piuttosto buio, appartato. Lui si guarda in giro e io pure, non capisco. Cominciamo ad abituarci all'oscurità e mi indica una macchina. Faccio fatica ma poi capisco: all'interno stanno facendo sesso. Vedo anche una persona che passeggia lì intorno e un'altra poco distante che guarda, si masturba. Dalla macchina scendono un ragazzo e una ragazza, cominciano a baciarsi, lui la prende sul cofano, è squallido ma allo stesso tempo eccitante. Qualcuno ci fa dei segni con i fari e Lorenzo scende. Mi prende un po' di paura, ma lui è sicuro. Quando torna mi dice che c'è una coppia che vorrebbe conoscerci e io mi arrabbio: "Ma sei matto?". Lui non insiste e torniamo a casa. È stato bravo, persuasivo. Alla fine mi ha convinta. Abbiamo cominciato a pubblicare e rispondere agli annunci. Saprai degli scambi di coppia...»

Certo, mica vivo sulla luna. Sono anche stata in un privé e l'ho trovato molto istruttivo, le dico.

«Da principio solo piccole effusioni, un po' di esibizionismo. A lui piaceva guardarmi e a me piaceva accontentarlo perché poi sapevo che mi avrebbe presa come nessun altro. Il nostro legame divenne ancora più forte. Eravamo inseparabili. Era elettrizzante avere una doppia vita, far parte di quel mondo. La cosa che mi stupiva di più era il livello delle persone che frequentavamo...»

So anche questo, una sera chiacchierai lungamente di talee con un consigliere comunale che aveva l'hobby del giardinaggio, una situazione alquanto grottesca visto che a un passo da noi sua moglie stava scopando con un danaroso ingegnere assai apprezzato nell'ambiente perché, contrariamente a molti altri, specie se single, sapeva comportarsi con educazione, senza essere insistente o invadente. Che aplomb.

«Erano coppie benestanti e colte, pulite, non lo facevano per soldi. Certo, bisognava stare attenti perché c'erano anche persone poco raccomandabili, ma ci proteggevamo a vicenda, così, se arrivava qualcuno che non si comportava nel modo giusto, sapevamo cosa fare...»

Le spiego che non ho mai trovato il sesso divertente: piacevole o sgradevole, coinvolgente o insignificante, ma "divertente" proprio no, mai. I miei "ciceroni" dicevano: «Si fa per godere» e per loro era un imperativo assoluto.

«Mi spiace ammetterlo, ma anche per noi era la cosa che contava di più. Ormai facevamo tutto in funzione di questo. Vacanze, tempo libero, impegni, acquisti, tutto. Mi rendevo conto che così non andava, talvolta mi mancava l'aria, avrei voluto potermene stare in santa pace con Lorenzo, far sesso io e lui soltanto, senza doverci mettere in mezzo altro o altri, ma non ci riuscivamo, avevo la sensazione che non ne fossimo più capaci. A un certo punto gli venne in mente che voleva assolutamente vedermi scopare con una donna. Beninteso, ci scappavano quasi sempre delle effusioni lesbiche anche abbastanza spinte, ma mai rapporti sessuali completi, insomma, giocavamo. I maschi si eccitavano tantissimo, darci da fare fra noi serviva a questo. Sin tanto che rimanevamo entro certi limiti ci andava bene, ma oltre no, non me la sentivo e poi le nostre amiche non erano lesbiche, a loro piaceva l'uomo. A essere sincera l'idea di fare sul serio mi faceva un po' schifo, ma per Lorenzo divenne una fissazione. Prima di ogni incontro si raccomandava, mi diceva cosa dovevo fare, io ci provavo ma queste cose bisogna volerle davvero, in due. Una sera alcuni amici ci raccontarono di aver conosciuto una lesbica vera che però non voleva fare sesso con uomini intorno. Lorenzo andò fuori di cervello e quando ci dissero che era persino carina decise di organizzare una cena per poterla incontrare. Io ero incuriosita ma dubbiosa, forse anche spaventata. Silvia non era come le altre, non che fosse mascolina come m'immaginavo, ma si vedeva che era, era… diversa. Ebbe molti inviti e molte offerte, anche in denaro, ma lei spiegò che, sebbene non avesse problemi sessuali, gli uomini non le interessavano neanche un po' quindi non aveva senso per lei coinvolgerli, le piacevano le donne, punto e basta. Fu decisa ma gentile, paziente. Non capivo come si potesse fare a meno del maschio, giocare va bene, ma poi, a un certo punto… Lorenzo le chiese se avesse voglia d'incontrarci ancora, così, in amicizia, per fare quattro chiacchiere e lei, con mia grande sorpresa, accettò. Siamo usciti molte volte insieme: a cena, al cinema, a prendere un gelato, un giorno siamo persino andati a fare una gita e lei e Lorenzo si sono messi a fare fotografie, ricordo che li trovavo belli, sembravano proprio amici e mi faceva star bene sapermi al centro delle loro attenzioni. Silvia era intelligente, divertente, irremovibile. Lorenzo provò in ogni modo a convincerla ma niente da fare, fu chiarissima: "Dev'essere una scelta. Se vuoi avere la tua prima esperienza lesbica va bene, ma sarà una cosa tua e mia soltanto, non voglio condizionamenti, voglio sentirmi libera di darti tutto quello che posso e voglio che tu ti senta libera di fare altrettanto con me. Niente forzature." Per lei non ero un oggetto, questo mi colpì e preoccupò. E se si fosse innamorata? Non volevo ferirla, io amavo Lorenzo. E se mi fosse piaciuta? Se avessi sentito il desiderio di vederla ancora, senza di lui? Ne parlammo e Lorenzo mi disse che a lui bastava anche solo l'idea di saperci a letto insieme e che comunque, poi, se si fosse innamorata sarebbe stato più facile convincerla, anzi, secondo lui avrei dovuto impegnarmi per ottenere proprio questo. Non gli dissi che sentivo di volerla, che avevo cominciato a desiderarla, che quando mi stava vicina annusavo l'aria per sentire il suo profumo, ma forse lui se ne accorse perché cominciò a lasciarci sole sempre più spesso. Una volta andò a comprare del vino, uscendo mi strizzò l'occhio e mi fece cenno di darmi da fare. Io non volevo metterla in una situazione imbarazzante ma non appena la porta si chiuse l'afferrai alle spalle e cominciai a succhiarle il collo, lei si voltò, mi prese il viso e con una delicatezza che non conoscevo, mi baciò. È forse stato il bacio più emozionante, dolce e lungo della mia vita. Quando riaprii gli occhi e sentii Lorenzo che stava aprendo la porta, mi resi conto che era passata una buona mezzora, lei si ritrasse e io, per il resto della serata, non riuscii più a distogliere lo sguardo dalle sue labbra. Secondo Lorenzo era cotta, non dovevo far altro che assecondarla, al resto ci avrebbe pensato lui. Una sera la invitammo a seguirci in un privé e lei accettò. Andammo nella sala dove si poteva fare sesso liberamente e lei si sedette su un divanetto, a guardare. Mi avvicinai e le dissi che volevo fare l'amore con lei. Rise: "Lo sai come la penso" e io: "Va bene." Mi guardò attentamente e poi fece una smorfia. Capii che non mi credeva e allora per convincerla mi sedetti su di lei, a gambe larghe. Come le fui sopra mi prese i fianchi e cominciò a muovere il bacino, mi baciò e venni. Non ne potevo più. La presi per mano e la trascinai in un appartamento che io e Lorenzo avevamo preso in affitto per fare le nostre cose con tranquillità. Facemmo l'amore e fu bellissimo, lo facemmo ancora e ancora, poi, a un certo punto, Silvia si tira su e comincia a smadonnare, mi giro e sulla porta c'è Lorenzo che ci riprende con una telecamera. Silvia ci mette trenta secondi a rivestirsi, io gli chiedo che cazzo ci fa lì, lui sorride, si scusa, dice di continuare, che va in un'altra stanza e non lo fa più, Silvia gli strappa la videocamera di mano, la frantuma in mille pezzi, gli dà una spinta ed esce, io la inseguo implorandola di non andarsene, le dico di non dargli importanza, che non è stata un'idea mia, che sono stupita e offesa quanto lei, ma non mi ascolta, nemmeno si volta mentre scende le scale.»

Itala è visibilmente mortificata, dispiaciuta.

«L'ho cercata per telefono, ma niente. Alla fine ho obbligato Lorenzo a portarmi a casa sua, a impegnarsi per chiederle scusa in modo convincente, ma Silvia non ci ha nemmeno aperto. Non l'ho più vista.»

È scossa. Le chiedo perché ha voluto che la intervistassi.

«Perché spero che Silvia abbia l'occasione di leggere il tuo racconto, capisca che non ho colpe, non avrei mai pensato che Lorenzo arrivasse a tanto.»

Prendiamo un altro caffè. Mi mostra una foto: Itala, Lorenzo e Silvia a Porto Venere, abbracciati, sorridenti. Le chiedo perché si è separata.

«Se ti dicessi che quella fu la goccia che fece traboccare il vaso, mi crederesti?»

«Tutto mi lascia supporre che in fondo facevi cose che non desideravi, non completamente, almeno, quindi sì, ti crederei.»

«Lorenzo, invece, non mi ha creduto. Silvia non c'entrava nulla, ma quando gli ho detto che ne avevo le palle piene dei suoi giochetti, è andato su tutte le furie: secondo lui mi ero innamorata, lo avevo tradito. Con una donna, poi... Diventò un'ossessione: ogni occasione era buona per parlare di lei o di come si vedeva che mi piaceva, da come la toccavo, la guardavo, mi chiedeva di ogni donna se me la sarei fatta, se mi sarebbe piaciuto farmi scopare. Quando facevamo l'amore mi tormentava, voleva che immaginassi di farlo con lei, arrivò a chiedermi di chiamarlo con il suo nome. Ho retto un anno, poi sono andata dall'avvocato. Incredibile, vero?»

«Mica tanto,» - sussurro - «a giocare con il fuoco…».

12

RACCOGLITICCE ASSERZIONI

13 Febbraio 2004

È l'ora di pranzo. Ho programmato di tornare a casa ma Itala si stupisce: «Come? Ho invitato un'amica, anche la sua storia potrebbe interessarti.» Chiedo se possiamo rimandare ma poi penso che certe occasioni vanno colte al volo e accetto di fermarmi.

Do una mano ad apparecchiare. Siamo rilassate, la conversazione prosegue fra battute e silenzi rigeneranti. Verso le tredici e trenta suona il campanello. «Ti va di levare dal forno le lasagne mentre vado ad aprire?» Certo, ma siccome in cucina sono un'imbranata di prima grandezza e ho il terrore di bruciarmi, aspetto che esca prima di cimentarmi.

Valeria è da sola ma quando entra la cucina si riempie di confusione, come in un carnevale. Anche lei è un donnone, con la pelliccia, poi, sembra ancora più maestosa.
«Ah, ecco la nostra giornalista!»
«No, no, calma, giornalista è una parola veramente grossa. Scrivo, o almeno ci provo.»
«Quanta falsa modestia, signorina. Va là che te la cavi, e bene!»
Arrossisco. Mi dà una pacca sulla spalla e si presenta: «Sono Valeria, l'amichetta preferita di quella testa matta.» Indica Itala che, visibilmente divertita, sta tagliando il pane «Avete già fatto?»
«Certo, non c'era molto da dire.»
«Via, che dici! Ne hai viste e fatte talmente tante che una giornata secondo me non ti basta, e poi non sei nemmeno timida, che io sappia. Non si sarà mica fatta dei problemi?»
«Spero di no.»
«Ma figurati! Dai, a tavola.»

Mi sento un po' fuori posto. Ascolto. Ridono. Valeria racconta la mattinata trascorsa in giro per uffici, la telefonata del figlio più grande. È incontenibile. Itala la lascia fare, ho l'impressione che approfitti dell'amica per mettersi in stand-by.

«Dopo pranzo mi piacerebbe se vedeste una casa che ho trovato sulle colline, sono molto tentata di acquistarla.» Poi, rivolgendosi a me direttamente «Itala mi ha detto che abiti a Lucca. È un po' *morta ne' cenci*, come direste voi, ma per il resto è proprio bella. Ogni tanto ci vengo a far spese. Che dici, Itala, potremmo andarci una volta o l'altra, così magari la nostra Cinzietta ci porta a vedere qualche posto carino...»

Annuisco senza entusiasmo. Itala mi guarda e strizza l'occhio, scampato pericolo? Non sono più tanto sicura di aver fatto la scelta giusta, da come si stanno mettendo le cose rischio di far tardi, declino l'invito.

Itala interviene provvidenzialmente, fine del riposino prandiale: «Ci siamo conosciute tramite le inserzioni e siamo diventate molto amiche...»

«Eh, sì – ne abbiamo fatti di danni!» - ride - «A mio marito il sesso non è mai interessato, non lo so nemmeno io come abbiamo fatto ad avere tre figli...» - ride ancora - «A me, invece, piaceva, altroché se mi piaceva! Anche le donne hanno le loro esigenze. Se volevo farmi suora mica mi sposavo, non ti sembra?» - ride troppo - «Beh, comunque... Dopo qualche anno di matrimonio senza batter chiodo, gli faccio: "Gino, non te la prendere, ma non ho ancora ottant'anni... Ti voglio bene e per me la famiglia è sacra, ma non ce la faccio più... Se lo capisci bene, altrimenti è uguale... O mi vieni incontro o accetti che io faccia da me..." e lui sai che fa? Mi dice che capisce ma vorrebbe che non lo tagliassi fuori dalla mia vita, vorrebbe dividere con me anche questo perché solo così avrebbe la garanzia di non perdermi e poi, non si sa mai, magari, chissà, sperare in un risveglio dei sensi non era così peregrino. Mi parve ragionevole, meglio di quanto sperassi – e mi metto in caccia. Insomma, per farla breve, non c'è stato nessun risveglio, ma ho scoperto che era un grande voyeur e a me la cosa eccitava alquanto!» - mi versa del vino, ma poiché ho la bocca piena e le mani impegnate non riesco a impedirglielo - «Mi piacciono gli uomini. Mi sono sempre piaciuti. E mi piace far sesso, da impazzire! Lo farei tutti i giorni, a tutte le ore, ovunque – Itala lo sa, sono insaziabile. Mica mi vergogno, sai, che male c'è? Mi piace divertirmi, star bene - senza divento nervosa, irascibile... Mi piace tutto, oddio, tutto-tutto proprio no, qualcosa un po' meno, ecco... Dietro, davanti, in due, tre, quattro, anche con le donne ma senza esagerare, per vivacizzare, stuzzicare, ma mica sono lesbica, ci mancherebbe!» - non si ferma un istante e la cosa più sorprendente è che riesce a mangiare, bere, parlare e fumare simultaneamente (ha fatto fuori una bottiglia di vino quasi da sola e invece di rallentare accelera!), mi chiedo dov'è il bottone per spengerla - «Io il lesbismo non lo capisco, non capisco come si possa vivere o far sesso senza un uomo. Itala mi ha spiegato che se trovi la persona giusta alla fine non ti manca niente ed anzi, può essere persino più divertente, eccitante, ma, senti, io mi do fare con le amiche mie del giro, però poi ho bisogno d'un bel...» - fa un gesto che più eloquente non si può ed io comincio a temere per la mia digestione - «Insomma, ci siamo capite, no?

Trovo che il lesbismo sia un po', un po', come dire… sì, mi spiace, ma penso che sia contronatura… Ho un'amica che vive con il marito e la loro amante, stanno benissimo e se la spassano, ma, appunto, sono in tre e suo marito le scopa tutte e due… Un po' li invidio…»
Itala è accigliata. Evidentemente non solo a me pare che Valeria stia esagerando. Con gesto fulmineo comincia a sparecchiare partendo dal vino. «Dolcetto? Caffettino?»
«Ecco, quando Itala ha avuto quella storia con Silvia, ho avuto paura che perdesse la testa. Ma ci pensi? Una famiglia rovinata per una cosa tanto stupida!»
«Valeria, stai dicendo delle cazzate – e poi il mio matrimonio non è finito per questo…»
«Certo, lo so, ma pensa se ti fossi innamorata, pensa a quello che sarebbe successo! Fortunatamente, però, sei una donna vera e almeno questo te lo sei risparmiato…»
Sono costernata, senza parole – e si vede. Itala prende fiato: «Vorrei ricordarti che Cinzia è lesbica…»
«Lo so, non mi sono rincoglionita! Dico quello che penso, ecco tutto. Non per cattiveria, beninteso, e senza offesa per i presenti, ci mancherebbe… Io ho rispetto per le lesbiche, ma non le capisco, che ci posso fare?» - poi, a me - «Ma tu l'hai mai avuta una storia con un uomo? No, perché penso che magari non hai trovato quello giusto, non sono mica tutti babbei o mannari…»
Non avrebbe senso risponderle, tuttavia non resisto: «Non preoccuparti per me e poi stai tranquilla: tu non rischi di finire in minoranza e il mondo non rischia di diventare migliore, non a breve, almeno.»
«???»

Itala si volta e nel vederla finalmente esitante, scoppia a ridere: «Lascia perdere, Vale - te lo spiego dopo cosa vuol dire…»

13

SEGNI

19 Maggio 2004

Ho conosciuto Rachele l'estate scorsa, un giorno che me ne stavo seduta su una panchina a prendere il sole.

«Bella giornata, vero?» mi disse, io aprii gli occhi, la guardai strizzandoli un po' e sorridendole annuii «Adoro correre e poi le Mura sono bellissime.».

Normalmente non avrei gradito tanta profusione di parole, ma quella ragazza aveva un modo di fare così socievole, tranquillo, come se mettersi a chiacchierare con una sconosciuta fosse la cosa più normale del mondo.

«Non sei di Lucca...»

«No, sono di passaggio.»

«Lavoro?»

«Anima in pena. Non riesco a star ferma. Mi muovo in continuazione. Qui ci vengo per rilassarmi e poi è un posto strategico per far base.» La guardai attentamente «Sono ricca e annoiata.» Rise di sé ma forse di più della mia espressione dubbiosa. «Scherzo, o meglio, messa così sembra una cazzata ma non lo è. I miei mi hanno lasciato una piccola rendita, un vitalizio, insomma, niente di straordinario ma almeno posso permettermi di vivere senza dover lavorare.»

«Sei fortunata.»

«In un certo senso, sì. Ma talvolta penso che a essere troppo liberi si finisce per non trarvi alcun piacere, forse è per questo che non riesco a decidere che farne della mia vita. E tu?»

«Stesso problema, con aggravanti.»

«???»

«Sono povera.»

Così ci ritrovammo a passeggiare parlando del più e del meno, ragionando di cose che non si dicono nemmeno a un amico. La salutai lasciandole il mio biglietto da visita, certa che avrebbe smarrito lui e dimenticato me, invece...

«Pronto?»

«Buonasera, sono Rachele, potrei parlare con Cinzia?»

«Sono io.»

«Ciao, Cinzia! Scommetto che non ti ricordi...»

In effetti, dopo quasi un anno. Mi racconta dell'ultimo viaggio che l'ha portata in Australia, degli aborigeni e delle loro credenze, di luoghi arcaici e misteriosi, di serpenti e ragni che, nonostante le modeste dimensioni, possono uccidere in pochi secondi. È un turbine di parole.

«Senti, domani pensavo di passare da Lucca. Ti va un aperitivo e magari una pizza?»

Il giorno dopo c'incontriamo. Mi sembra smagrita. Ci stringiamo la mano con forza, calore. È abbronzata, piena di ninnoli. La prendo in giro: «Ti manca solo l'anello al naso!». Ride. Mi mostra un bel tatuaggio che si è fatta fare sull'avambraccio destro: «Ne ho anche altri, dappertutto, ma forse è meglio che non mi spoglio, non qui, almeno.» La provoco ancora, stupita. Finalmente ci sediamo. Ne approfitto per osservarla meglio. È inquieta, turbata. Non la ricordavo così.
«Sono accadute molte cose. Sarà che a non star fermi si vive il doppio, ma comincio a essere stanca, forse dovrei fermarmi un po', provare a mettere ordine.»
Non riesco a immaginarla.
«Già...» sospira.

Ordiniamo il primo giro di aperitivi. Le chiedo se ha avuto occasione di visitare il mio sito.

«L'ho visto prima di partire e da allora mi è tornato in mente spesso. Una come te se fosse al posto mio avrebbe tante di quelle cose da raccontare. È un peccato che certe fortune tocchino a chi non sa apprezzarle, o metterle a frutto, regalarne un pezzetto agli altri. Tu sai scendere in profondità e sai mostrare quello che vedi, trasmetterlo. È un talento. In tutti questi anni ho fatto migliaia di fotografie, eppure nessuna racconta le cose per quello che erano. Mancano le emozioni che un'inquadratura, da sola, non può descrivere, mancano gli odori. In quello che fai io posso percepirli,» -arrossisco e penso che stia esagerando - «ma lo so, leggendoti si capisce, tu non riesci a darti il valore che hai né, forse, capisci davvero l'importanza del tuo lavoro.»
Svicolo maldestramente.
Mi guarda dritta negli occhi, sorride, poi abbassa lo sguardo: «Mi sono innamorata... di una donna. Non sono lesbica e d'altronde il pensiero che cose di questo tipo esistessero non mi ha mai sfiorata. Ti sembrerà strano, ma pur avendo viaggiato tanto non me ne sono mai accorta, o perlomeno non gli ho dato peso. Insomma, dopo aver visitato il tuo sito ho cominciato a guardarmi intorno con occhi diversi, non lo so perché. Forse li ho semplicemente aperti.» Devo riprendermi, inspiro e ordino il secondo giro di aperitivi. «L'ho conosciuta poco dopo il mio arrivo a

Sydney, per caso. Un'etnologa. Pelle scura e occhi neri, bellissima, per me, da levare il fiato. Stava conducendo una ricerca sulle tracce lasciate dagli aborigeni nella zona nord-occidentale del paese, la più inospitale, un posto dove nessuno si sognerebbe di avventurarsi per turismo. Mi venne l'idea di farne un reportage, per divertimento, così le chiesi se potevo seguirla. I tatuaggi me li ha fatti lei, ogni volta che ci fermavamo ne realizzava un pezzo.»

Mi vengono in mente le pitture e i graffiti delle comunità rupestri, i segni nel grano e più in generale le figure visibili solo dal cielo. Quasi un rito iniziatico, il loro, e il racconto di una condivisione emotiva e fisica intensa, un'esperienza mistica, con stigmate, o un patto di sangue. Comunque tracce impresse nella carne, per distinguere, affermare e fermare, significanze profonde ed esclusive, secondo un codice segreto che non può essere interpretato, svelato. Il corpo come una bottiglia affidata al suo nomadismo, e dentro la mappa di un luogo che solo il suo scopritore conosce, un luogo che è il corpo stesso e le sue meraviglie, la memoria che attraverso lui si fa parola, incisa, scolpita, perché il tempo non la cancelli, disperda.

«Affascinante...» sussurro.

«Di più, sconvolgente. Non so cosa mi è preso: una febbre, qualcosa che non so descrivere e che mi porto dentro come un sogno, o un incubo. Di giorno attraversare il deserto, scalare le rocce, scoprendo riti e credenze destinate a scomparire, leggende e sentieri misteriosi. La sera tornare o allestire il campo, sedersi intorno al fuoco, la luce delle lampade, lei che cura le mie ferite, i gonfiori, mi lava e spalma di unguento, ricomincia a danzare e io smetto di pensare, divento musica, una sua estensione, la sua creazione. Sudore, sangue, dolore, piacere, umori, liquidi, carezze, silenzi senza fine, mormorii... Sono fuggita, non ce l'ho fatta, era troppo, troppo forte, a un certo punto ho avuto l'impressione di precipitare in un abisso, ho avuto una paura tremenda.»

Ordino il terzo giro di aperitivi e comincio ad avere le allucinazioni: le vedo. Sono bellissime, attraenti e pericolose come un canto di sirena, o due scorpioni nella sabbia.

«A Port Edland ho dovuto ricorrere alle cure mediche: avevo vuoti di memoria, ero confusa, fisicamente a pezzi, uno straccio, credimi. Quando ce l'ho fatta a rimettermi in piedi ormai era tardi. L'ho cercata, ma tu non hai idea di quant'è grande, inaccessibile e insidiosa quella terra, specie nella zona dove eravamo noi. Se non sai dove andare, lì puoi perderti, davvero, non ti trovano più.»

«?»

«In realtà non l'ho cercata seriamente e comunque, ti sembrerà strano, ma non so quasi niente di lei, molto di quello che mi ha raccontato non riesco più a ricordarlo. A Sydney era di passaggio, non so neppure se lavorava per qualcuno.»

«Avrai delle foto...»

«No. Durante il viaggio verso Perth mi hanno rubato tutto, sono tornata in Italia più o meno con quello che avevo addosso al momento. Al consolato sono stati gentilissimi, ho avuto tutta l'assistenza necessaria.»

«Ma lei sa dove trovarti?»

«Non credo - e comunque pensi che farebbe il giro del mondo spendendo una fortuna solo per venire a cercare una pazza che è letteralmente scappata senza darle uno schifo di spiegazione? In Italia, poi, un'etnologa che vive in un paese tutto da scoprire, a un passo dalla Nuova Zelanda, da arcipelaghi bellissimi, barriere coralline, culture e popolazioni straordinarie... Siamo onesti, che diavolo ci viene a fare qua? Io non ci verrei nemmeno mi pagassero.»

Effettivamente. Le chiedo quali ripercussioni abbia avuto questa storia sulla sua vita attuale, cosa pensa di fare.

«Sono molto confusa. È stata un'esperienza di un'intensità assoluta, ne sento la mancanza e ancora ne ho un terrore profondo. Mi manca il suo odore, le sue mani, i suoi occhi, la sua forza, la sua capacità di entrarmi dentro, leggermi, fondersi. Di lei mi manca soprattutto quello che non comprendevo, di me quello che non riuscivo a controllare. È difficile da spiegare. Non ho mai programmato la mia vita ma oggi so che questo non mi ha resa né migliore, né meno ordinaria. So anche di non aver mai amato prima, che forse amerò ancora, ma mai più così. Riparto fra qualche giorno, vado in Francia a trovare certi amici. Hanno una tenuta piuttosto bella, producono vino e altre cose, chissà, magari mi fermo, oppure torno e mi compro una casa in campagna, qua intorno, in Toscana, mi piace.»

Sì, è bella la Toscana, ci si sente a casa, ma al quarto giro di aperitivi tutto il mondo può diventarlo.

14

LA CASA DEGLI ORRORI

26 Giugno 2004

«*Se tutte avessimo il coraggio di raccontare quello che ci hanno fatto, forse le cose cambierebbero, forse si comincerebbe a fare giustizia davvero e gli uomini non si sentirebbero più autorizzati a fare di noi quello che vogliono, non si sentirebbero più così sicuri di farla franca… forse non la smetteremmo di sentirci in colpa, responsabili, ma almeno non saremmo le uniche a dover fare i conti con la colpa, la vergogna…*»

* * *

Ci incontriamo in zona franca. A metà strada fra Lucca e la sua città. Il freddo taglia la faccia. Come al solito mi chiedo chi me lo fa fare. Mi rollo una sigaretta e passeggio per scaldarmi un po'. Una donna, avvolta in un lungo cappotto, mi viene incontro. Sicuramente non è lei, penso, invece… Ci presentiamo, ci stringiamo la mano, sono gelate. Decidiamo di entrare in un bar, davvero non è il caso di sistemarci su una panchina. È taciturna. Faccio la spiritosa, riempio il vuoto per creare un ponte, un punto di contatto. Mi guarda dritta negli occhi. È imbarazzante.

Mi chiede di "Borderline". Le racconto un po' di cose, la vedo, ragiona fra sé. Mi faccio seria. Apprezza. Poi, quando ormai sto per rassegnarmi, comincia.

«Non credo di essere diventata lesbica a causa delle violenze che ho subito. Suppongo di esserlo sempre stata, senza saperlo. La prima volta che mio padre mi ha messo le mani addosso avevo dieci, undici anni. Prima di farlo a me, però, l'aveva fatto a mio fratello maggiore. Quando lui divenne troppo grande, toccò a me, poi al più piccolo. Non so se mio padre aveva capito di essere arrivato dopo di lui, suppongo di sì. Marco abusava di noi e ha continuato a farlo ben oltre l'età in cui non è più il caso. L'ha fatto sin tanto che siamo rimasti a casa. Io ne sono uscita a diciotto anni, sposandomi. Giulio a diciassette, tanto era gay, che se ne andasse all'inferno. Marco, invece, è rimasto lì, ha continuato a fare il figlio modello che ripaga dall'aver generato due deficienti. Quando mia madre è morta si sono presi quello che aveva. Non che ce ne importasse, ma... Fa male, anche questo.»

Elena è alta, longilinea, portamento elegante, abbigliamento sportivo, uno schianto. Poche parole, scandite, essenziali, precise. Sembra un resoconto imparato a memoria, impersonale come la lettura di un foglietto illustrativo, la lista della spesa, le istruzioni per l'uso di un elettrodomestico. Ma senza fretta, con freddo puntiglio, indifferenza. Non traspaiono emozioni, non ci sono cedimenti, sprechi. Sono allibita.

«Non ho mai amato mio marito, ma era l'unico che sapeva in che razza di casino vivevo, non mi ha mai forzata, mi ha portata via appena ha finito il militare. È stato dolce, delicato, paziente, comprensivo, generoso. Mi adorava, avrebbe fatto tutto per me, e io gliene sarò sempre grata, ma arriva un momento in cui non puoi più fingere, far finta di nulla, e allora le strade si dividono. Non è stato facile, ma alla fine ha capito. Abbiamo avuto una bambina. Vive con lui e i nonni, ho preferito non sradicarla. La vedo spessissimo, è cresciuta bene, serena.»
Faccio fatica, ma le chiedo della sua famiglia.
«I miei non erano dei ragazzini quando si sono sposati. Papà aveva quarantacinque anni e mamma trentasette. Lui era un misantropo, un beone violento, ma nessuno lo conosceva abbastanza per saperlo. Non credo che ne fosse innamorata, penso che l'abbia sposato perché alla sua età non aveva più molte possibilità di farsi una famiglia e poi era rimasta sola, i suoi fratelli se n'erano andati fregandosene di lei anche se li aveva allevati, non sapeva come andare avanti, c'erano la casa, i campi, l'orto, le bestie. Avrebbe dovuto vendere tutto per due soldi, per andare dove, fare cosa? Con una madre inferma, poi... A conti fatti le conveniva trovarsi un marito. È rimasta incinta subito, di Marco. Dopo cinque anni sono arrivata io, e dopo altri tre, Giulio. Ho cominciato a fare prima la mamma e poi la moglie, già da bambina. Loro erano maschi, figuriamoci se potevano dare una mano badando un minimo a se stessi. Solo Giulio contribuiva un po', come poteva. Si rifaceva il letto, aiutava in cucina e nelle faccende. Nonna morì presto, la ricordo appena, ma mia mamma era troppo occupata a tirare avanti la baracca per avere abbastanza tempo ed energie da dedicarci, per prestare attenzione alle nostre necessità. Erano tutti molto chiusi. Non parlavano mai, né fra loro né con noi, forse perché non avevano niente da dire. Io penso che i miei si odiassero, lui certamente non la sopportava. La picchiava spesso, poi andava al bar e quando tornava... Te l'ho detto, cominciò con mio fratello.»
Le domando se abbia mai capito perché lo facesse, se sua madre ne fosse a conoscenza.
«È un mistero. Dopo la nascita di Giulio mio padre divenne insopportabile, definitivamente, beveva quasi tutti i giorni e ormai si occupava solo delle sue cose, il

resto non contava, ammesso che gliene fosse mai importato. Penso che mia madre abbia smesso di volerlo nel letto in quel periodo. A un tratto mio padre cominciò a portarsi dietro Marco ovunque andasse, lo riempiva di regali, gli dava spesso del denaro, lo istigava alla prepotenza. All'inizio non voleva, poi ha capito che a lasciarlo fare c'era solo da guadagnarci e allora ci ha preso gusto... La prima volta che mi ha stuprata avevo otto anni, mi sembra. «Vieni qua, puttanella...» mi disse tirandomi per i capelli, e io capii cos'era la paura, la vergogna, il buio cominciò a terrorizzarmi, facevo di tutto per non tornare a casa, per non rimanere sola con lui, per non andare a dormire, ma tanto, prima o poi... non c'era scampo. Giulio era ancora fuori pericolo e mamma... Non lo so, non ho mai capito se lo sapeva, però avevo la sensazione che dopo mi guardasse male, che ce l'avesse con me. Ho sempre avuto la sensazione di farle schifo. Secondo me anche lei aveva un debole per Marco, chissà perché, poi, stronzi così non ce n'è molti in giro. Di Giulio, invece, si è quasi del tutto disinteressata, anche perché si è ammalata che lui era ancora piccolo, non ne avrebbe avuto la forza.»

Una madre certe cose non può non vederle. Può negarle, però, far finta che non esistano.

«Sì, ho pensato anche questo, ma non potrò mai saperlo né, a questo punto, m'interesserebbe. Giulio si è sposato poco dopo di me, con una cretina di prima grandezza, hai presente quelle donne che pensano solo alle cazzate, a far bella figura, che si preoccupano solo del giudizio della gente? Vivono nella nostra casa, insieme a mio padre. Hanno avuto due figli. Tremo al pensiero di quello che potrebbe capitargli. Cosa dovrei fare? Sono anni che non ci parliamo. Non metto piede là dentro da quando mia madre è morta. Solo a pensare di tornarci mi prende l'angoscia.»

Le chiedo in che rapporti è con Giulio.

«Sono stati formali, mai confidenziali. Io sapevo e lui pure, però non ne abbiamo mai parlato, mai. Ha fatto una vita terribile, povero Giulio, sballottato come un pacco postale, sempre senza riferimenti, senza una casa, un lavoro decente. Una decina di anni fa ha scoperto di essere sieropositivo, poi si è ammalato, anche lui. È mancato l'anno scorso.»

Mi sento soffocare. La guardo e in lei non trovo alcuna traccia evidente del suo passato, solo i suoi occhi lasciano trasparire un velo di tristezza, un dolore così controllato, lontano e vago che facilmente lo si può scambiare per languore, malinconia. Lesbica...

«Credo d'esserlo, sì, ma non ho mai avuto esperienze, salvo una volta, tanti anni fa, prima di sposarmi. Mio fratello mi presentò una sua amica e io persi la testa, ma poi me ne stancai quasi subito, non lo so perché. Ci rimase malissimo. Il fatto è che non m'innamoro degli uomini, mi affeziono. Le donne, invece, mi sconvolgono. All'inizio non ci facevo caso, pensavo ad amicizie molto forti, intense, però poi mi accorsi che soffrivo, che la mia gelosia era difficilmente giustificabile, volevo starci insieme, sempre, dormire con loro, desideravo, tutto. Non so se troverò mai una donna, in effetti non la sto cercando, quindi… Francamente è l'ultimo dei miei pensieri, adesso.»

Mi racconta che vive da sola, ha un lavoro tranquillo, adora leggere e prendersi cura del suo giardino. La immagino intenta a coltivare rose, la vedo aggirarsi per casa, lentamente, guardare il tramonto, silenziosa. Dev'essere ordinata la sua casa, profumata, luminosa.
«Ti piace cucinare?» - che domanda sciocca, eppure m'interessa saperlo, davvero.
«No, ma so farlo bene, quasi come tutto il resto.»
Non avevo dubbi.

15

TUTTI INSIEME, APPASSIONATAMENTE

26 Luglio 2004

«Gliel'hai detto al tuo babbo che mi piacerebbe intervistarlo?»
«Sei matta? Se gli dicevo "sono a cena dalla capa dei gay... vieni che ci vuole intervistare", mi levava dal mondo!»
«Pensi che se fai la tua vita senza dare nell'occhio va bene, ma se acquisisci visibilità possa esserne spaventato?»
«Sì.»

Sara ha 18 anni. Da poco ha conseguito la maturità e in premio le hanno regalato una Polo nuova di trinca. All'esame ha portato una tesina dal titolo "Da Saffo a Platinette", il senso dell'umorismo non le manca.

Mi ha vista in TV e da allora lei e un suo amico sono diventati miei fan sfegatati. Stento a credere che possano accadermi cose di questo tipo, ma l'evidenza non si discute. Le propongo un'intervista assolutamente informale: una cena pizza e coca, il registratore acceso, come viene-viene, a ruota libera, free.

Si presenta puntualissima: torta super e Fragolino offerto da papà.

Metto in tavola le bruschette. Stefania sceglie come sottofondo un CD di musica balcanica e lei, dopo una frazione di secondo: «Chi è che canta, Padre Pio?»
«Bregovich, non ti piace?»
«Chi???»
«Cambio, ho capito.»
«Scusate, veh, ma se devo mangiare con questa nenia mi vien l'ansia.»
«Che metto?»
«Metti l'ultimo di Pino Daniele...» suggerisco.
«No, per carità!»
«Facciamo prima: chi ti piace?»
«Le Tatu, Tatu, Tatu e ogni tanto le Tatu.»
Ecco, appunto. Niente Tatu. Optiamo per i St. Germaine. Buon appetito.

Tra una battuta e l'altra, le chiedo quando ha detto ai suoi genitori di essere lesbica.

«Quasi tre anni fa, nel periodo in cui conobbi Baby, la mia fidanzata. Una mattina mi venne lo zurlo, mi alzai e andai da mi ma' e le dissi: "O mamma, hai presente Baby? A me mi sa che mi garban le donne" e cominciò a ridere. "Ma che dici?", mi fece, e io: "O mamma, può darsi" e lei: "Va bene, adesso però lo devi di' anco a tu' pa'". Gli telefonai: "C'ho da dirti una cosa, ci vieni a casa?" venne. Cominciò quasi a piange': "Ora mi ci mancava anche la figliola lesbica", ma si fece coraggio e più o meno mi disse: "Eh, lo so, via... conosco anche dell'altra gente uguale a te, però mi dispiace. Perché non provi con un ragazzo?" e io: "O che provo, babbo, se non mi piace, non mi piace!". Poi nulla, son stati zitti per un po'. Un giorno m'han detto: "Ma perché non vai a parlarne con uno psicologo?" ed io "Oh, ma non son mi'a matta, veh?!". A me mi han sempre detto che uno per andare dallo psicologo deve riconoscere di avere un problema, altrimenti che ci va a fa'? E per me non lo è mai stato. Insomma, alla fine si son messi l'anima in pace.»

Sara e Baby sono quasi coetanee, si sono conosciute in chat. Quando decisero d'incontrarsi, fu suo padre ad accompagnare Sara a Milano.

«È stato bravo. All'inizio non volevano che si dormisse insieme prima che compissi diciotto anni. Ora invece... Mia madre dice che siamo come sorelle. Sie, sorelle! Glielo farei vede'! Poi una volta m'ha fatto un discorso strano: che se volevo de' figlioli, con l'inseminazione artificiale li potevo ave'. Eh, si vede che era in un momento mistico.»

Ci racconta di non aver progetti per il futuro, che le piacerebbe studiare architettura del giardino o qualcosa di simile che non ho capito, ma per seguire i corsi universitari dovrebbe andarsene e lei a casa sua ci sta proprio bene. Che è combattuta tra avvicinarsi a Baby o andarsene diametralmente dalla parte opposta. Poi, all'improvviso: «Trattami bene nell'intervista, sennò addio fan club! Oh, ma ci pensate, sono a cena con la capa de' gay!» e giù tutte a ridere. «Perché, scusa, non lo sei?»
«Ma, veramente...» guardo Stefania, ha le lacrime agli occhi «C'è qualcuno che quando lo vedrà scritto gli verrà un travaso di bile. Tanta fatica per diventare "capi dei gay" e una, senza aver fatto nulla e soprattutto senza volerlo, in un certo senso si ritrova a esserlo, per qualcuno, è il colmo. Il "Fan Club della Capa dei Gay", il "Cicci Fan Club"! Troppo divertente. Racconta un po' come ti ho conquistata...»
E lei, senza farsi pregare: «La adoravo già prima, perché "Cinzia Ricci la Capa dei Gay" era un mito, ma quando ci siamo incontrate mi ha invitata a prendere un gelato e da quel momento è diventata il massimo!»
«Perché, se ti avesse detto "andiamo a berci una birra"?»

«Eh, no, veh! Ma con il gelato, sì, m'è proprio garbata!»

È il momento della torta, poi il caffè che Sara rifiuta energicamente: «Non fumo, non bevo e non prendo caffè - sono una bimba ammodino, io!». Le chiedo se più tardi andrà a ballare. «Neanche morta. Torre del Lago a quest'ora è da matti, bisogna lasciare la macchina in culo ai lupi, c'è il mondo...»

Ciaccoliamo un po' del sito, di Borderline, del fatto che molte storie che ho raccolto giacciono nel cassetto senza che le possa pubblicare. Se ne stupisce e un po' si vergogna di sé. Le rispondo che non ci sono vicende umane stupide, insignificanti, ordinarie. Non deve sentirsi da meno solo perché non ha tragedie da raccontarmi. È dubbiosa ma orgogliosa che le dia importanza.

Stefania le chiede a bruciapelo se a scuola sanno che è lesbica.

«All'inizio solo qualcuno, poi, da quando sono uscite fuori le Tatu, l'ho detto a tutti, tanto... Non lo so cosa mi venne in mente, pensai: "Ma guarda un po' loro lì, allora non è poi così strano...". Ci sono tre domande che mi fanno tutti, sempre le stesse precise e identiche, anche se un po' dipende dalla confidenza che c'è. La prima: "Ma tu' pa' e tu' ma' lo sanno? Che han detto?". La seconda: "Chi fa l'omo?". E poi la terza, se c'è un po' più di familiarità: "Ma a letto che fate?". Alla prima rispondo: "O che devan di', mica mi possono ammazza'!". "Chi fa l'omo"? L'omo nessuno, ma che domande! Se s'ha bisogno d'un omo che senso ha anda' con una donna? E alla terza dico di usare un po' di fantasia, son quelle lì le cose, che vuoi che si faccia?! La gente è toga davvero...»
«Comunque non hai incontrato grandi difficoltà, risposte negative...»
«No, a parte qualche amica che magari le è venuto in mente da quel momento che la guardavo strana. Devo solo stare attenta a una tipa perché se gli
lo dico, tempo un quarto d'ora lo sa tutto il paese e proprio non è il caso. A casa mia, a parte mi' pa' e mi ma', tutti gli altri sono proprio tradizionalisti. Ai miei nonni, se lo vengono a sapere, o gli viene un colpo, o addio eredità!»

Scherza sempre.

A questo punto la domanda sorge spontanea: «Ma tu davvero riesci a vivertela bene la tua omosessualità?»
«Sì. Sono stata male solo all'inizio, quando i miei si sono raccomandati di tenermelo per me. "Non si dicono 'ste cose qui, non van dette!" Ma poi mi hanno lasciato fare, sono persone abbastanza intelligenti. D'altronde non ho mica ammazzato nessuno. Sai, pensavo che una cosa come questa non potesse accadere, poi vennero fuori le

Tatu e capii che si poteva di' (anche se loro non lo sono mica, fanno finta). Non fraintendermi, lo sapevo che c'era l'omosessualità ma era un po' come una parola vuota, mi sembrava quasi che fosse impossibile che ci fossero delle lesbiche in carne e ossa, oltre me, vicino a me. Comunque io mica mi vergogno, le difficoltà sorgono quando ti rapporti agli altri.»

«Prima di prendere coscienza della tua omosessualità e dirlo, in che modo sentivi che ne parlavano a scuola, a casa...»

«In nessun modo, che mi ricordi, o almeno non ci facevo caso. Poi, quando mi accorsi che mi piacevano le ragazze, cominciai a farci attenzione e allora mi resi conto che il lesbismo difficilmente era trattato, anche adesso, in TV, le rare volte che succede lo è in maniera diversa rispetto agli uomini. Forse per i gay è più facile, sono più visibili, accettati. Un gay non fa strano come una lesbica, c'è meno imbarazzo nel parlarne, nell'ammetterne l'esistenza.»

«Pensi che avresti maggiori difficoltà se divenisse di pubblico dominio che sei lesbica?»

«Non lo so, non penso, lì per lì, magari... ma che devan fa'? Io non posso mica cambiare per loro! E poi vorrei dei bambini, ma come si fa a crescere un figliolo, in queste condizioni...»

«Farlo (se cambia la normativa) e crescerlo, in sé non sarebbe nulla di eccezionale, il problema è l'ambiente intorno che spesso non è disposto ad accettare l'autodeterminazione delle donne in generale, figuriamoci se lesbiche con velleità materne.»

«Infatti, ma è anche vero che ormai le cose cambiano da un anno all'altro. Mio cugino, ad esempio, ha sette anni e ti giuro che discute già di queste cose senza pregiudizi.»

«Ammetterai, però, che il merito è dei suoi genitori che evidentemente forniscono risposte adeguate. Se qualcuno in famiglia avesse reazioni aggressive, omofobe, probabilmente non sarebbe così pacifico.»

«Accidenti, ma come si fa? Io mi voglio sposa' seria, con il vestito bianco, il catering e tutto il resto! Non capisco perché se due persone si voglin bene non possano farlo come tutti vell'altri! È un'ingiustizia, no? Baby, invece, ha detto che si vuol sposare in tuta. E poi, t'immagini che scena? Mi' pa, mi' ma', su pa' e su ma' seduti accanto durante la cerimonia? Ah, a questa non vorrei proprio doverci rinunciare!»

Fantasie di una diciottenne che non ha pretese, vuole solo avere gli stessi diritti degli altri.

«Che dovrei fare, secondo loro? Andare in Francia e fare il Pacs che poi quando torno nessuno me lo riconosce? Ma che vordi'? Tutte le altre forme di matrimonio vanno bene (compresa la poligamia islamica) e quelle fra persone dello stesso sesso no? Ma che razza di società è questa?»

Una porcheria?

«Insomma, io penso che ci creiamo un sacco di rogne inutili… I gay, le lesbiche, gli etero, non sono gruppi a sé, io la vedrei più tranquilla: tutti insieme, appassionatamente, e festa finita, senza farsi tante seghe.»

Già, Sara. Glielo dici tu o glielo dico io?

16

L'ARABA FENICE

4 Settembre 2004

L'INIZIO

«Come succede a molte persone, i miei problemi sono iniziati dentro la famiglia. Eravamo in otto. I miei erano impiegati, entrambi. Due persone amate e rispettate. Mio padre era un comunista convinto e mia madre militava nella DC, una moderata attaccata alla demagogia del suo partito. Litigavano spesso, per ogni minima sciocchezza, e io rimanevo impietrita a guardarli senza riuscire nemmeno a fuggire. Talvolta i maltrattamenti non erano solo verbali: mio padre era manesco sia con mia madre che con mia nonna. Crescendo ho trovato la forza di fuggire. Ricordo che prendevo la mia chitarra e, da sola o con gli amici di quartiere, andavo a compiere qualche marachella. Spesso organizzavamo delle feste proletarie: consistevano nell'andare a rubare dolciumi, bevande e ingredienti per preparare torte, nei negozi della zona. Ci sentivamo un po' dei Robin Hood. Forse è da questi episodi che si è rafforzata in me la capacità di sopravvivere. È strano: differentemente dai miei amici, io potevo avere quasi tutto, eppure era troppo più forte in me la pulsione a far da sola, all'indipendenza. Il gusto del proibito, poi, mi suscitava emozioni così forti, contrastanti, irresistibili. Nel periodo fra i sei e i tredici anni, presi coscienza della mia omosessualità. Ma ovviamente nascondevo a chiunque questo mio aspetto, ai miei genitori facevo credere che avevo il fidanzatino così non facevano domande. Nella mia famiglia era proibito parlare di sesso in generale, figuriamoci di omosessualità! Ma un giorno, dopo una delle spese proletarie in edicola, ebbi l'infelice idea di portare in casa un giornale porno. Non ti dico il dramma! Mio padre convocò una riunione familiare al gran completo. C'erano tutti: i miei genitori, i nonni, i fratelli e le sorelle: sembrava proprio un'assise. Alla fine dell'istruttoria mio padre tirò fuori il corpo del reato e mi chiese: "Cos'è?". E io, candidamente: "Un giornale porno…". "Questo schifo in casa mia non ce lo voglio!". "Bene, lo porterò via…" Ma lui iniziò un monologo interminabile nel quale elencava tutti i fatti per i quali lo facevo dannare. Poi disse che fino ad allora ero stata la sua preferita, ma con quell'atto lo avevo ferito profondamente e quindi dovevo darmi da fare se volevo ricostruire il nostro rapporto. A un certo punto si tolse la cinta dai pantaloni e disse che era costretto a punirmi. Gli dissi che secondo me non gli conveniva agitarsi troppo perché rischiava di rimanere in mutande. Scoppiarono tutti a ridere. Rimase a guardarmi come un coglione mentre gli voltavo le spalle e uscivo di casa. Mio padre era un attore, un megalomane nato. Un giorno, prima di questo episodio, gli espressi il desiderio di avere una casetta minuscola di legno, tutta mia... lui fece costruire una palazzina su due piani per tutta la famiglia. Volevo il mio rifugio, non una villa!»

NELLA TANA DELL'ORCO

«Dopo l'episodio del processo familiare, un pomeriggio d'inverno mentre cercavo di ricucire lo strappo, m'invitò a infilarmi nel suo letto, per fare un riposino. Mi svegliarono le sue mani, è stato terribile... Avevo completamente rimosso questo episodio. Me ne sono ricordata nel periodo di terapia che ho fatto per disabituarmi all'abuso di droghe e alcool. Una catarsi preceduta e seguita da forti stati di depressione, ansia, con qualche attacco di panico. Come sono guarita? Beh, non si guarisce mai da queste cose. Il primo passo è accettarle come una parte di noi dalla quale non potremo mai separarci, una parte della nostra solitudine. Poi, con una serie di buone terapie, con un po' di sport, sani esercizi di respirazione e meditazione, si può arrivare a sopportarne la presenza. Sì, perché si sopravvive alla devastazione interiore solo passando attraverso la semplicità, ritrovando un contatto autentico e profondo con noi stessi, senza artifici. Questo mi ha salvata dalla follia del dolore; e questo mi sta dando la forza di spazzare le macerie dalla mia vita. Ogni pezzo di macerie che elimino, è un atto di perdono, di pacificazione con il mio passato. La vita può diventare una malattia, ma è anche una medicina costante. Ho avuto paura della vita, della morte e dell'amore; ma ora non temo nessuna di queste cose. Forse è questo che di me fa paura. Quando iniziai a elaborare la violenza subita da mio padre, la mia psicologa chiese se ne volevo parlarne con i miei fratelli, ma io risposi che non c'era alcun bisogno che vivessero anche loro un simile dolore, così decisi di tacere. Dopo otto anni, oggi per la prima volta, ne parlo con qualcuno. È strano come il dolore renda gli esseri umani dipendenti. Dico sempre ai miei nipoti che nella vita si muore e si rinasce mille volte e ogni volta che rinasciamo, le cose che contano acquistano un valore nuovo, più profondo, autentico. Moriamo in ogni dolore per risorgere a una nuova coscienza...» Claudia s'interrompe, ho l'impressione che smetta persino di respirare. Mi guarda. Credo che stia cercando di capire se può dar corso a una riflessione più intima e complessa, o se non sia piuttosto il caso di proseguire il racconto. Aspetto. Si accende un'altra sigaretta. Ha deciso...

VITA DI STRADA

«Dopo la violenza subita da mio padre, mia madre decise che era meglio mettermi a dormire con mia sorella separandoci entrambe dai miei fratelli. Da allora non dormii più in camera con i miei genitori. Intanto avevo compiuto dodici anni, raggiunto lo sviluppo. Mio padre era preoccupato perché avevo le mie prime mestruazioni. A scuola ero un disastro anche se talvolta sapevo dimostrare di non essere così scema, disinteressata allo studio. Ma la vita di strada ormai mi aveva conquistata, mi assorbiva, mi affascinava e mi faceva sentire sicura. La strada era il mio unico punto fermo, lì non dovevo difendermi da chi mi avrebbe dovuto amare, proteggere. A quattordici anni iniziai le prime esperienze con le cosiddette droghe leggere (hascisch, marijuana, olio di canapa, caramellato, tutta roba che si fuma) incamminandomi spedita verso una forma di tabagismo esasperato, davvero patologico. Nel giro di appena due anni vennero a mancare prima la mia migliore amica, poi i miei nonni e mio padre. Mia madre andò fuori di testa: esaurimento nervoso. Nel frattempo i miei fratelli più grandi si erano sposati lasciando me e mio fratello, che più o meno si sconvolgeva quanto me, da soli con lei. Andarmene in giro dalla mattina alla sera a farmi con tutto quello che mi capitava e a ostentare la mia presunta eterosessualità scopando con ogni uomo che mi voleva, divenne consuetudine. Ecco, un altro dei miracoli della mia vita: oltre a non aver mai avuto guai seri con la giustizia, non ho contratto l'AIDS. A proposito di miracoli, quando frequentavo la comunità Carismatica Laica, anch'essa molto scomoda alla Chiesa, il mio maestro mi diceva sempre: "Tu sarai un grande capo carismatico". Penso che si riferisse al fatto che quando mi chiamava a parlare dal pulpito per portare le mia testimonianza, le persone mi ascoltavano, non riuscivano a trattenere le lacrime, capivano. Lasciai la Comunità, quando decisi di vivere liberamente e serenamente la mia omosessualità. Sai, credo che un giorno tornerò da loro per raccontare come si può credere in Dio pur essendo omosessuali...»
Ancora si ferma, indaga. Non voglio forzarla, né potrei, d'altronde. Claudia è un Ariete, fa solo quello che crede sia meglio per sé, giusto o sbagliato che sia.

SPAZZATURA

«Dopo aver iniziato a drogarmi, lasciai il piccolo branco di quartiere. Andavo in giro fino a sera tardi e spesso rimanevo in casa da sola con mia madre. Di tanto in tanto, quando rientravo scoppiata come una capra, la sentivo piangere dietro la porta chiusa della sua camera. A volte mi fermavo abbassando lo sguardo, la mia mano si avvicinava alla maniglia, ma non riuscii mai a trovare il coraggio di aprirla, correre da lei, abbracciarla e piangere insieme. Avevo a malapena quindici anni. La mattina mi svegliavo verso le sei, dopo essermi lavata e vestita mi facevo le mie prime due canne, poi scivolavo via prima che si svegliasse. Facevo il solito giretto in centro, magari incontravo degli amici che mi davano un po' di caramello, oppure ci facevamo un paio di cognacchini, quindi ognuno per la sua strada. Arrivavo a scuola solo perché le gambe conoscevano il percorso. I miei compagni mi emarginavano, nessuno voleva avere a che fare con me. Del resto era comprensibile. I professori facevano finta di niente oppure mi propinavano certe filippiche... Spesso non reggevo la situazione, prendevo lo zaino e me ne andavo. In quel periodo frequentavo un cugino che si faceva le pere e uno strano pomeriggio, in cui eravamo io, lui e altri nostri amici, gli chiesi di farmi uno "schizzo". Preparò la siringa e mi iniettò l'eroina. Da quel momento non ricordo più niente. Rammento solo che mi risvegliai nel mio letto senza riuscire a rendermi conto neanche se fosse giorno o notte. Sentivo un freddo allucinante e avevo l'impressione di essere tornata da un lungo viaggio. Non riuscivo a svegliarmi, non riuscivo a riprendere il controllo del mio corpo e della mia mente. Nell'intenso freddo che sentivo, mi accorsi che ero sudata e iniziai a star male, malissimo, non capendo cosa avessi esattamente. A un tratto, ondate di calore violentissime cominciarono ad attraversarmi, sempre più intense, e finalmente riuscii a svegliarmi. Mi resi conto di dover vomitare, così, con estrema fatica, riuscii ad alzarmi dal letto, ma mi reggevo in piedi a stento. Riuscii ad arrivare davanti allo specchio e per quel poco che ricordo, vidi la mia faccia uguale a quella di un cadavere. Mi prese un forte senso di svenimento, mi risedetti sul letto, vomitai sul pavimento e poi svenni sul materasso. Dopo quel giorno stetti più di un anno lontano dalle sostanze e dall'alcool, senza subire gli effetti fisici della dipendenza, mi venne una vera e propria repulsione alle sostanze. Mi chiusi letteralmente in casa, non frequentavo più nessuno. Litigavo spesso con mia madre, ma la vedevo più tranquilla, riuscivamo a volte anche ad avere un dialogo. Non la sentivo più piangere dietro la porta della sua camera e spesso mi coinvolgeva nelle cose che faceva. In autunno ripresi la scuola e siccome avevamo dei problemi economici, il pomeriggio andavo a lavorare per qualche spicciolo, anche per non esserle di peso. In quel periodo conobbi Marco. Con lui ho vissuto una lunga storia d'amore e odio. Marco aveva l'abitudine di bere e di controllarmi troppo, per questo non lo sopportavo, ma poi fra le sue braccia, nei suoi occhi e nel suo sorriso, trovavo la pace che avevo sempre cercato, per questo lo amavo. Appena ripresa la scuola, ritrovando alcune vecchie amicizie, ricominciai a fare uso di droghe. Prima qualche canna, poi gli alcolici e le droghe sintetiche: acidi, poppers, tangesic, quest'ultimo venne ritirato dalle farmacie a metà degli anni '80, ma per un po' di tempo lo si poteva trovare da qualche pusher. Marco si accorse del mio cambiamento. Iniziammo a litigare come due pazzi, io mi rendevo conto che stavo riprendendo la piega sbagliata. Così, oppressa dalle continue litigate, dalle minacce che se non smettevo l'avrebbe detto a mia madre, presi la decisione di mettermi in contatto con qualche comunità. Con Marco intrattenemmo per mesi dei colloqui telefonici, ma poi decisi tacitamente che volevo starmene al calduccio di casa mia. Nel frattempo partecipavo, all'insaputa di tutti, a delle feste a base di cocaina e super alcolici. Il mio giro era cambiato, in casa non avevamo più problemi di soldi, anzi, iniziammo ad avere il problema contrario. Ogni tanto spacciavo la coca per averne qualche grammo per me e tirare su un po' di soldi. Il mio nuovo giro era formato da artisti, cantanti e musicisti falliti, idealisti che volevano cambiare il mondo con la "zia" nelle narici e nel cervello, con la bocca impastata d'alcool, bruciata dalle sigarette e da altro. Ero circondata da donne e uomini che avrebbero fatto carte false per avermi, iniziai a partecipare a dei festini misti di gruppo: sesso, droga e rock and roll, come si dice. Ogni giorno era una fatica immane, dovevo sfuggire al controllo del mio ragazzo, alle domande di mia madre e alle ronde della Polizia. Nel frattempo iniziai a lavorare come rappresentante, porta a porta. Questo mi dava la possibilità di muovermi meglio e stare molto tempo fuori città. Per l'azienda viaggiavo, in Italia e all'estero. Spesso ero proprio io a chiedere di mandarmi fuori zona per lunghi periodi. Ma quello che guadagnavo come rappresentante non mi bastava. Non volevo tornare a rubare come avevo fatto al tempo che assumevo eroina. Quindi accettai di fare la cubista, due o tre volte al mese, in un locale alla moda. Ero pagata bene e avevo cocaina gratis quanto bastava. Con Marco ci vedevamo sempre di meno, ma poi l'azienda per la quale lavoravo chiuse e tornai a casa. Mi misi a fare l'agente immobiliare, ma il mio comportamento da cocainomane divenne evidente. Dopo un anno chiusi col lavoro, non ce la facevo più a portarlo avanti. Qualche volta facevo degli scambi con gli eroinomani: per un grammo di coca, ricevevo due grammi di roba. L'eroina mi serviva quando la coca mi mandava fuori giro, troppo in tensione. Iniziai a spacciare più assiduamente, rubavo soldi e oro a mia madre, ma lei era chiusa nel suo silenzio, si limitava a osservare e a difendermi contro tutto e tutti. Chissà, forse lei conosceva meglio di chiunque altro le ragioni dei miei comportamenti. Forse sapeva della violenza di mio padre e taceva anche nella violenza con cui continuavo a infliggermi punizioni. Forse sarebbe bastata una parola, un gesto d'amore, d'incoraggiamento o d'attenzione per scuotermi, bloccare l'odio che avevo per me stessa, ma non ne ebbe mai, o io non me ne accorsi. M'infilavo in giri di malavita assurdi, commerciavo sigarette di contrabbando, facevo qualsiasi cosa potesse darmi i soldi di cui avevo bisogno. Avevo una faccia che faceva paura, forse proprio per questo nessuno riusciva ad avvicinarmi in modo normale. Il mio ragazzo non sapeva più cosa fare, combatteva da solo. Cominciò a bere più del solito. Io alternavo momenti in cui mi lasciavo completamente andare, a momenti in cui riuscivo a stare anche due o tre mesi lontano dal giro e dalle sostanze. Gli amici cercavano in fondo ai miei occhi qualcosa che fosse rimasto di me. Io e Marco ci lasciammo. Mia madre si ammalò gravemente e un anno dopo portò via con sé tutti i suoi segreti.»

AMICIZIA

«Iniziai a frequentare un bravo ragazzo, Renzo. Lui non c'entrava niente con i miei traffici e l'uso di sostanze, diceva di essere innamorato di me. La sua presenza era rassicurante, non mi chiedeva mai di avere rapporti sessuali e questo mi stava bene. Era diventato il mio nobile confidente, sembrava che stessimo insieme. Decisi di entrare in comunità. Feci un lungo pellegrinaggio in diversi centri, ma la verità era che non volevo affrontare quel percorso. Così, per ingannare il tempo e la mia coscienza, aprii un locale notturno in società con altri. Facemmo diversi milioni di debito per poi fallire miseramente anche a causa mia, delle mie amicizie che cominciarono a frequentarlo attirando l'attenzione della Polizia. Dovemmo chiudere più di una volta, fino a quando, dopo una retata, non riaprimmo più. Mi ritrovai sul lastrico. Con mio fratello le cose non andavano bene, e presi un appartamento in affitto. Stavo in un periodo di grazia dovuto a una serie di cure per superare le dipendenze. Per un paio di mesi mi rimboccai le maniche, facevo due lavori. Guadagnavo in tutto 600.000 lire al mese e ne pagavo 550.000 solo di affitto. Renzo non poteva aiutarmi, quindi per riuscire a campare ricominciai a spacciare. Ma stavolta spacciavo solo medicinali: Plegine, Ecstasil, Roipnol e Tawor. A parte l'Ecstasil che me lo dava un amico, le altre pasticche (in gergo "pallette"), me le facevo segnare dal medico, ma ero sempre da lui a farmi fare le ricette, così un giorno chiuse il rubinetto. Ricominciai a spacciare la cocaina e ogni tanto ne tiravo un po'. Riuscii a non riprenderne la dipendenza, questa volta toccò al Roipnol. Ormai la mia carriera di tossicodipendente era agli sgoccioli. Mi trovavo su un punto di rottura: dovevo decidere se infognarmi definitivamente o provare a risalire la china. Decisi di entrare in un centro di disintossicazione ma resistetti appena due mesi e mezzo. Quella vita e quei metodi non facevano per me. Ci riprovai, altrove, con l'aiuto o la pressione anche dei miei fratelli, ma inutilmente. Non c'è regola che io possa sopportare, se non voglio. Grazie a un buon amico trovai ospitalità presso una coppia di suoi amici. Sentii che potevo fidarmi. Sono stata con loro per 4 mesi e ogni giorno quando mi alzavo la scena era sempre la stessa: colazione pronta, un pacchetto di sigarette e 15.000 lire sul tavolo, per me. Sai Cinzia, per la prima volta in vita mia mi sono sentita amata, rispettata senza che qualcuno mi chiedesse nulla in cambio. Anni dopo venni a sapere che mentre dormivo facevano la colletta per lasciarmi qualche soldo. Questo è uno dei motivi per cui so che l'amicizia vera, disinteressata, talvolta è possibile. Spesso sono stata accusata dai miei di dare troppo credito agli amici e niente alla famiglia. Ma come si può mettere al primo posto chi ti lascia solo come un cane? Vendemmo la casa di mia madre e con la mia parte pagai il debito che avevo maturato in banca a causa del locale andato male. Rimasi per un altro mese con i ragazzi e usai un'altra parte dei soldi per sdebitarmi con loro. Poi presi una casa in affitto con Renzo ma a causa dei suoi problemi finanziari dovetti portare io avanti la baracca, fino a quando, fra pagamenti vari e ufficiali giudiziari che venivano a frotte davanti la porta di casa a esigere i crediti delle società che mi avevano garantito le forniture per il locale, i soldi finirono. Per fortuna Renzo cominciò a lavorare e tirammo avanti altri tre anni e mezzo.»

IL CIELO IN UNA STANZA

«A me non bastava, volevo un lavoro. Ma ormai il mio nome era bruciato, trovavo solo porte chiuse. Mi accontentai di fare piccoli lavori di rappresentanza, molto mal pagati. Alla fine non ce la feci più. Mi indirizzarono da uno strozzino il quale, con la copertura di un'agenzia finanziaria, mi mandava in altre città a recuperare i suoi crediti. Mi pagava il necessario per sopravvivere e le spese della trasferta. In quella agenzia conobbi Carmela. Me ne innamorai subito. Era bellissima. Persi davvero la testa per lei. Guadagnava facendo giri di assegni per conto loro e questo l'aveva messa nei guai. Viveva in una casa desolata. Non aveva nemmeno il riscaldamento. Dormiva con una decina di coperte addosso e nel suo frigo, come in tutta la casa, c'erano ragnatele e topi. Mi resi conto che non poteva continuare a stare lì da sola ed ebbi l'idea di portarla via. La portai a vivere con me e Renzo. Ma aveva dei comportamenti strani, non usciva mai dalla sua camera, stava sempre con le serrande abbassate e le finestre chiuse. Mangiava di notte, facendo delle vere e proprie razzie dentro il frigo. Così, la mattina dopo, non trovavamo più niente della spesa che avevamo fatto il giorno prima. Alla fine Renzo capì che Carmela era una cosa seria per me e anche se sapeva della mia omosessualità, decise di andarsene. Rimanemmo sole. Carmela continuava a non uscire mai, non riusciva nemmeno a lavorare. Io cominciai a collaborare con un tizio che mi promise 1.200.000 lire al mese più le provvigioni per un lavoro di rappresentanza che avrei dovuto fare con lui. In tre mesi mi dette 350.000 lire. Intanto con gli affitti eravamo sempre più indietro, le bollette incombevano e il nostro frigo e la nostra credenza erano sempre più vuoti. Carmela non migliorava, diceva di essere depressa, ma dopo molti mesi capii che non era una normale depressione. Soffriva di manie di persecuzione, d'insonnia, di ossessioni di ogni tipo. I problemi economici stavano facendo andare fuori di testa anche me. Iniziammo a litigare sempre più spesso e alla fine arrivammo a picchiarci come due selvagge. Ma io l'amavo in una maniera impressionante e non riuscivo a trovare il coraggio di lasciarla. Quindi mi rimboccai le maniche e con tutta la mia volontà e la mia disperazione, iniziai a inventarmi di tutto pur di riuscire almeno a mangiare. Chiedevo soldi a chiunque, andavo a raccogliere legumi per averne un sacchetto in cambio e aiutavo i contadini nelle loro faccende per avere qualcosa da mettere sotto i denti. Ero continuamente molestata e mi sentivo trattata come la meno quotata delle puttane. Nonostante gli sforzi e le umiliazioni, quello che riuscivo a tirare su non ci bastava, a malapena riuscivamo a mangiare tutti i giorni. Spesso la sera facevo il giro dei ristoranti e chiedevo gli avanzi facendo credere a Carmela che la roba che portavo a casa me la davano gli amici. Non era possibile vivere così...»

ANGELI CADUTI

«Approfittando del fatto che ricevevo continue attenzioni sessuali, decisi di trarvi guadagno. In poco tempo pagammo tutti i debiti, finalmente potevamo mangiare quello che ci andava. Ma i problemi fra noi erano solo all'inizio: continuavamo a litigare e a picchiarci, nonostante avessimo abbastanza soldi per fare quello che ci pareva. Non ce la facevo più, psicologicamente e fisicamente. Con alcuni clienti sniffavo cocaina, ma per fortuna era una situazione occasionale che mi permise di non ricadere nella dipendenza. Conobbi un uomo che prima diventò mio cliente, poi s'innamorò di me. Io sfruttai la situazione. La sua vicinanza mi permetteva di prostituirmi il meno possibile. Mi dava tantissimi soldi, mi riempiva di regali, anche auto costose, potenti. Per circa un anno non ebbi più nessun problema, ma lui chiedeva di stare con me sempre più spesso e questo mi allontanava da Carmela la quale non sapeva cosa combinavo quando non ero con lei. Cominciò ad accusarmi di prenderla in giro, trascurarla, ma io ormai ero entrata nel giro dei soldi facili e anche se sentivo che stavo sbagliando tutto, non riuscivo a fermarmi. Il denaro era diventata la mia nuova dipendenza. Un giorno, l'uomo che mi aveva messo il mondo in mano, chiuse i rubinetti. Arrivammo al punto che dovevo essere io a passargli i soldi. In pratica era diventato il mio magnaccia, ma senza i benefici che un protettore può dare. Ricominciai a prostituirmi, ma ormai avevo perso il buon giro di clienti che avevo prima d'incontrarlo. Ripiombai nella miseria. Carmela capì cosa andavo a fare quando uscivo di casa e la situazione si fece irrespirabile, ma eravamo innamorate, non riuscivamo a separarci... Grazie a una serie di cure, cominciò a stare meglio, a uscire. Prendendo esempio da me, si fece un piccolo giro di uomini che la pagavano bene. Non vidi mai una lira. Non avrei voluto che si prostituisse, avrei preferito che mi lasciasse per tornare dai suoi parenti, ma lei non voleva saperne... Ci sfrattarono. Non sapevamo dove andare. Ricominciai a tirare coca, mi ubriacavo. La mia vita crollò pezzo per pezzo, ancora una volta. Ci dovemmo dividere: io andai ospite da un'amica e Carmela andò a stare con un tizio che gestiva un discreto giro di prostitute e che le promise mari e monti pur di stare con lei. Ci sentivamo spesso, soffrivamo la lontananza, ma tutti c'impedirono di ricominciare a vederci e forse nemmeno noi lo volevamo davvero. Sparì. Non ne seppi più nulla sino a quando fui contattata da un suo parente: mi raccontò che il tizio con il quale stava, per costringerla a prostituirsi per lui, l'aveva segregata e seviziata per ben sei mesi, alla fine era riuscita a scappare ma poi aveva avuto un crollo nervoso e al momento era sotto terapia con il TSO (trattamento sanitario obbligatorio). Cominciò a telefonarmi dall'ospedale e anche dopo che fu dimessa. Era straziante: mi supplicava di andare a prenderla, ogni volta era un dolore enorme, per entrambe, ma io ormai non potevo tornare indietro.»

YIN E YAN

«Per cercare di sistemarmi, avevo iniziato una relazione con una donna che pensavo di amare e che si era offerta di darmi una mano. Andammo a vivere insieme. Pensavo che avremmo diviso le spese, così, un poco alla volta, avrei potuto smettere di prostituirmi, mi sarei trovata un lavoro anche modesto e vivere non sarebbe stato così difficile, ma lei cominciò a sfruttarmi e ancora una volta mi ritrovai a dover tirare avanti la baracca da sola. Il mio giro di clienti era ormai esiguo per mia espressa volontà. Decisi che se proprio dovevo prostituirmi era meglio che lo facessi con persone delle quali potevo fidarmi. Graziella non sapeva come mi procuravo i soldi, avevo preferito dirle che spacciavo la droga. Trovai un impiego fittizio presso un call center, guadagno a percentuale, ci andammo a lavorare entrambe. Ma non ci pagavano per cui dovetti tornare a fare la squillo a tempo pieno. Al call center conobbi Nani. Mi corteggiò fin da subito e alla fine me ne innamorai. Ma vivevo con Graziella, iniziai a odiarla e a bere. Dagli alcolici passai ai super alcolici. Tiravo coca ogni tanto coi soliti clienti che me la offrivano, ma non fu questo il vero problema. Nani si accorse che avevo degli strani comportamenti, anche perché non mi preoccupavo di nasconderli. Parlammo a lungo. Le raccontai la mia vita, quanto odiassi Graziella e le sue promesse mai mantenute, le dissi che avevo ricominciato a bere. Scrivevo a Nani fiumi di pensieri, poesie, lettere d'amore. Lei mi aiutò a prendere la decisione di smettere. Presi una settimana di ferie dal lavoro, convinta di potercela fare da sola. Ma dopo le prime 36 ore di astinenza, mi prese una crisi fortissima. Stavo talmente male che dovemmo chiamare l'ambulanza. Ci misero 45 minuti ad arrivare, credetti di morire. Non avevo mai avuto un'astinenza così forte, forse perché è stata la prima non coperta da farmaci. Mi feci una settimana di ospedale. Quando uscii parlai definitivamente con Graziella e le dissi che non l'amavo, che mi ero innamorata di un'altra. La reazione fu spropositata, fuori misura, controllo. Scenate, minacce, dispetti di ogni tipo, a me, a Nani, per mesi. Con lei ho avuto una storia brevissima, ma importante. Diceva che sarebbe stato bello fare un libricino di poesie con tutte le frasi che le avevo scritto, ma io avevo paura di espormi. Un giorno mi fece notare che in realtà avevo solo paura di fallire, un'altra volta. Capii molte cose dalle sue parole, così non scrissi un libricino di poesie, scrissi un romanzo in cui racconto la nostra storia. Grazie a Nani capii che era arrivata l'ora di vivere.»

RISCATTO

«Oggi scrivo, ogni mia energia la investo perché diventi un lavoro. Non ho più né il tempo, né la voglia di drogarmi, bere. Guadagno pochissimo, faccio una fatica tremenda per tirare avanti, ma quando mangio pane, non mischio più il suo sapore a quello delle lacrime, del disprezzo, del dolore, della droga, dell'alcool e dello schifo che ho provato per me stessa. Mangio pane, pane e basta. Ho lo sfratto, un'altra volta, ma non me ne preoccupo. Preferirei andare a dormire sotto i ponti piuttosto che ritrovarmi a elemosinare aiuto e amore. Ho smesso di avere paura. La gente pensa di star bene, di vivere nel miglior modo e mondo possibile. La realtà è un'altra e io la conosco. Non mi faccio fregare. Chi mi conosce ricorda, sa, e perciò mi odia o teme. È difficile rialzare la testa quando intorno ti sei scavata fossati che la gente ha contribuito ad allargare, ha riempito di sospetto o indifferenza. Ma questo è stato e questo è quello che ho: il mio nome e un'occasione che non mi lascerò sfuggire.»

17

LESBOFOBIA

6 Ottobre 2004

«Ho paura, Cinzia. Non posso farci nulla.»

So cosa si prova. Piera mi guarda da sotto gli occhiali, serissima. Marta è pallida, sembra quasi che non respiri.

Non hanno nascosto il loro orientamento, ma nemmeno l'hanno esplicitato: «Non abbiamo mai fatto parte di alcuna associazione o gruppo, né frequentato locali particolari. Abbiamo sempre avuto la sensazione che fossero dei ghetti, non ci piace nemmeno la parola "lesbica". La mia prima storia con una donna è durata quindici anni e la seconda, con Marta, dura da otto. Quando si sta bene con una persona non si ha bisogno d'altro. Non abbiamo finto. Al massimo omesso. E poi siamo entrambe molto riservate, pensiamo che la sfera affettiva e sessuale sia un fatto assolutamente privato e tale vorremmo rimanesse.»

Ce lo permettessero, penso.

Circa due anni fa si sono trasferite nel nord-est, per lavoro.
«Precisione e pulizia. Questo il primo impatto, piacevole e rassicurante. Ci siamo sistemate bene, ma dopo circa un anno abbiamo ricevuto le prime telefonate mute, poi sono cominciate le lettere anonime, qualche piccolo danno all'auto, dispetti. Non riusciamo a spiegarci come abbiano fatto a scoprirlo, non lo sa quasi nessuno, tanto meno le nostre famiglie. Lì, a parte i colleghi e qualche conoscente con cui abbiamo rapporti cordiali ma formali, non abbiamo amicizie. All'inizio cercavamo di sdrammatizzare, poi la cosa si è fatta più minacciosa. Abbiamo cominciato a guardarci intorno e il senso di paura è cresciuto. Le notizie provenienti da altre città riguardanti le intimidazioni e le aggressioni contro i gay, alle quali, peraltro, non avevamo mai prestato attenzione, hanno cominciato a saltarci all'occhio…».
Chiedo se abbiano sporto denuncia.
«Se lo facessimo, prima o poi lo verrebbero a sapere tutti. Non possiamo permettercelo. E poi, contro chi?»
Mi mostrano una delle poche lettere che conservano, l'unica che hanno portato con sé. Un'accozzaglia incredibile di insulti e vaneggiamenti sgrammaticati che non

fanno nemmeno ridere. Vi ritrovo l'ideologia forzanovista di certi proclami omofobi, xenofobi, antiabortisti, familistici, di quel cattolicesimo integralista che sempre più si diffonde, come un cancro, il seme dell'odio e di quella violenza che in questo paese ci ostiniamo a sottovalutare, tollerare, fingere di non vedere, che taluni, in primis dai banchi del governo e delle amministrazioni locali, approvano, legittimano. Chiedo di poterla pubblicare magari epurandola dai riferimenti personali che possano renderle riconoscibili, ma Marta è tassativa: «No, chi l'ha scritta si riconoscerebbe e potrebbe non gradire, è già tanto difficile così.»
Chiedo cosa abbiano intenzione di fare, come intendano tutelarsi, proteggersi.
«Non andiamo più nemmeno al cinema, cerchiamo di non uscire da sole, ci muoviamo di giorno e soltanto se è necessario. È impressionante: c'è pieno di gente che se ne va in giro senza aver paura di far capire come la pensa sui gay, gli immigrati... ci sono circoli, bar, sedi di organizzazioni che non fanno mistero dell'odio che hanno per noi, sono molto frequentati, non solo dai giovani, dai maschi, ma anche dagli adulti, dalle donne. Abbiamo parlato con un nostro amico avvocato e lui ci ha detto che non abbiamo alternative: dobbiamo denunciare anche se questo ci esporrebbe, anche se non garantirebbe la nostra incolumità, oppure aspettiamo sperando che la smettano, che non succeda nulla, oppure ce ne andiamo, che è appunto quello che vogliono. Nelle lettere c'è scritto che non meritiamo alcun rispetto perché essendo lesbiche ci schieriamo contro l'uomo e la sua autorità e quindi contro la vita e l'ordine, un crimine contronatura, come l'aborto. Ogni donna che rinuncia a fare il suo dovere, che rinuncia a sposarsi e procreare, va combattuta, è un pericolo per la società e andrebbe punita e umiliata per questo, perché impari qual è il suo posto e lì stia, che è soprattutto colpa sua se le scuole si riempiono di extracomunitari che un giorno contamineranno la razza e leveranno il posto di lavoro agli italiani. Dicono anche che non abbiamo alcun diritto di fare il nostro mestiere, che faranno di tutto per impedire che gente come noi possa essere presa ad esempio.»

Le guardo. Sono donne ordinarie, non hanno niente di minaccioso, preoccupante, destabilizzante. Solo persone smaliziate potrebbero riconoscerne l'omosessualità, e solo persone profondamente in malafede potrebbero dare a questo tanta importanza, servirsene.
«Per quanto ne sappiamo, nella nostra zona non ci sono associazioni e locali omosessuali, ma vuoi che non ci siano gay e lesbiche? Non abbiamo idea di dove s'incontrino e se abbiano problemi come il nostro. Magari sono sposati, oppure stanno talmente bene economicamente che possono permettersi una certa impunità. Ma non ci siamo mai occupate degli altri, non c'interessa, vogliamo solo fare il nostro lavoro, essere lasciate in pace, non facciamo male a nessuno.»
Andate a votare?

Nicchiano.
Pentite?
«Sì.»

Aspetteranno ancora un po', poi, se la situazione dovesse peggiorare, ricominceranno da un'altra parte. Faccio notare che questo potrebbe non risolvere il problema, che il loro isolamento le espone, che proteggere gli invisibili è impossibile, che, in questo momento storico e politico, chi è isolato e invisibile rischia qualcosa di più che qualche insulto, vuota minaccia.

«Sarà, ma, te l'ho detto, la politica non c'interessa, vogliamo solo essere lasciate in pace.»

Fastidio, irritazione. Mi guardano spazientite. Si è fatto tardi. Vogliono rimettersi in viaggio subito. Erano solo di passaggio. Lucca però è bella, il clima è piacevole, la gente sembra tranquilla, pare impossibile che anche qui le persone debbano guardarsi le spalle. E io ho la sensazione che non si rendano minimamente conto di quello che sta succedendo nel nostro paese. Una volta di più ho la spiacevole sensazione che non se ne renda conto quasi nessuno.

18

ANNA E LE ALTRE

3 Novembre 2004

Giornata di sole e vento, insidiosa. Esco di casa senza sapere cosa aspettarmi. Appuntamento alla stazione, segno di riconoscimento la mia faccia – un classico. D'altronde non sono una fisionomista, né mi riesce di associare a una rapida descrizione, peraltro condizionata dall'immagine che si ha di sé, un tratto somatico ancorché approssimativo – insomma, nemmeno ci provo.

Arrivo con congruo anticipo – e anche questa è una consuetudine. Passo davanti a un gruppo di perdigiorno che mi squadrano dalla testa ai piedi e ho la netta sensazione che uno di questi faccia il gesto di seguirmi. Sono pronta a difendermi. Mi siedo su una panchina di fronte a loro in modo da tenerli prudentemente d'occhio e rifletto lungamente sull'arretratezza di certi maschi, sulla loro rozzezza, il loro opportunismo, la loro colpevole, senziente ottusità. Non sono separatista, l'ho già detto, ma in certi momenti vorrei cancellarli tutti dalla faccia della terra. Talvolta sono di più e peggio di una minaccia fisica – sono un flagello ammorbante.

Gioco con il telefonino, prendo appunti. Le tre. Comincio a chiedermi se verrà, se avrà il coraggio di venirmi incontro o farà finta di nulla, tornerà indietro. Non sarebbe la prima volta che accade, né l'ultima, penso. Le tre e un quarto. Il treno potrebbe essere in ritardo – un altro classico. Comincio a passeggiare programmando un'alternativa – mi trovo in città, potrei approfittarne per andarmene un po' in giro rimuginando e curiosandomi intorno.

«Tu sei Cinzia?»
«Sì. Anna?»

Ha l'aria stanca, tesa. Mi dice che può trattenersi solo fino alle sei perché il giorno dopo deve partire. Quando le prospetto una chiacchierata in un bar mi pare risollevarsi – l'idea di un'intervista a casa mia deve averla spaventata. C'incamminiamo verso il centro. Lo so, è difficile parlare di sé a comando, anche se si è decisi a farlo. Spero di rompere il ghiaccio come posso e so – con discrezione e ironia. Ci sediamo in un bar all'aperto. Io una birra, lei un caffè. Tiro fuori subito il registratore e leggo nei suoi occhi la preoccupazione. L'anticipo: «Faccio sempre così, è più comodo. Ti darò la cassetta, se la vorrai – in caso contrario la cancellerò. Puoi stare tranquilla...» e senza che se ne accorga avvio la registrazione.

Non capisco. Anna ha chiesto riservatezza molto fermamente eppure, della sua omosessualità sono a conoscenza quasi tutti. Non lo sanno sul posto di lavoro, certo – ma non è stata una donna rinchiusa fra le sue quattro mura.

«Mi terrorizza sentirmi esposta, vulnerabile – se ci penso mi prende il panico. A volte si fa proprio questo: relativamente alla propria vita privata si vuole essere visibili ma poi non vi è un'assunzione vera di responsabilità, politicamente non cresci, vivi una contraddizione. Talvolta l'identità lesbica somiglia al gatto del Cheshire ne "Le avventure di Alice nel Paese delle Meraviglie": appare, scompare, qualche volta c'è solo la coda o altre parti del corpo, quasi mai l'intero. Insomma, siamo visibili e invisibili sino a un certo punto. La domanda è: ci possiamo porre come soggetto politico partendo da questa identità fittizia?»
«L'orientamento sentimentale o sessuale non è un valore aggiunto, tuttavia vi sono delle discriminazioni contro le quali occorre lottare.»
«Sì, ma il discorso se dev'essere politico non può iniziare e finire lì.»
«Certo, dev'essere a più ampio raggio: si parte da questo per fare un ragionamento molto più vasto sulla dignità e sui diritti della persona.»
È dubbiosa: «Tutto questo gran parlare delle unioni civili, ad esempio, del matrimonio... Ma io non le voglio queste cose. Se contesto le istituzioni, se non mi riconosco nelle normative che mi vengono imposte, perché dovrei lottare per farne parte, per fare in modo che loro si adeguino a me e io a loro? E siamo al problema dei modelli imposti: il maschile, il femminile e anche il sostenere che l'omosessualità è *normale* – niente di tutto questo è vero, ha più senso. Sia chiaro, i modelli sono serviti per un processo di crescita non solo personale, ma anche per l'affermazione storica e politica dell'identità, ma ora vorrei che si andasse oltre gli stereotipi.»
«Pensi che si sia arrivati in una fase di stallo, di sclerotizzazione, paralisi?»
«Forse. Certo è che sul piano personale sono entrata in crisi e alla fine ho dovuto uscirne. Sai, ho frequentato alcune organizzazioni lesbiche e tuttavia la mia storia non è legata in modo particolare a esperienze di questo tipo. Sono passata attraverso gli anni Ottanta: l'università, il femminismo, il pensiero della differenza, il separatismo. Rendersi conto che si vuole andare avanti ma vi è una sostanziale chiusura verso qualsiasi ragionamento che non sia prodotto dal vertice politico dei vari gruppi nazionali, che includa la ridefinizione dei modelli, la nascita di un pensiero altro, non aiuta, non incoraggia la partecipazione. Ma ne ho nostalgia.»

«Tu pensi che chi da decenni occupa posti di potere e rappresentanza, di fatto impedisca un rinnovamento, una vera alternanza all'interno del movimento soprattutto lesbico?»

«Sì. In effetti non si vuole un vero confronto, non lo si cerca. O entri a far parte di questo gruppo, oppure non ci sei. È una cosa molto dolorosa. Mi domando quale forza reale può avere un movimento dove vi è spazio solo per alcune persone, poche e limitate idee preconfezionate, dove l'esercizio del potere ricalca i modelli precostituiti che evidentemente non portano da nessuna parte, sono sempre gli stessi, non vengono messi in discussione. E poi la sai una cosa? Ho l'impressione che abbiano bypassato la nostra generazione. Ci siamo vissute di riflesso gli anni Sessanta e Settanta, a caldo, senza tuttavia potervi prendere parte perché eravamo troppo piccole, quindi abbiamo vissuto gli anni Ottanta con la conoscenza diretta di quello che era stato, non acriticamente, né colluse. Ossi duri un po' ribelli, indipendenti, non assimilabili. Per le femministe di quegli anni eravamo *le ragazze* e tali siamo rimaste nel loro cervello. Quindi si sono rivolte a quelle più giovani perché sono più facili da manipolare, attrarre. La nostra l'hanno saltata a piè pari, eppure è una generazione interessante sulla quale vale la pena riflettere.»

1964, la nostra generazione - quella che io chiamo *di mezzo*. Anna mi pare più tranquilla adesso – ho l'impressione che si stia levando qualche sassolino dalle scarpe. È un fiume in piena, i concetti si ammucchiano.

«*La lesbica non è donna*, una frase dirompente. In qualche modo l'identità è qualcosa d'increscioso perché si pone al di fuori di certe economie, di certi sistemi. Il fatto di parlare di *esseri umani* trascurando le differenti specificità, mi sembra una deriva. Stiamo attenti ai media: la visibilità, se è mediatica, non serve, non m'interessa. Appare quello che è, oppure passa un'immagine falsa, distorta, mediata appunto, e perciò dannosa, che crea nuovi stereotipi ai quali ci inducono ad adeguarci? I modelli fanno comodo. Non ho soluzioni e sono diffidente verso chi ne ha, e non mi fido nemmeno della controparte maschile, non mi riesce. In Italia bisogna creare una comunità vera, bisogna trovare un modo nostro per farla - ci mettiamo anni, ci mettiamo secoli, ma questo dobbiamo fare altrimenti non risolviamo niente. Comunità significa creare una rete, è un lavoro certosino, ci vuole una volontà e una capacità che adesso non abbiamo. Comunità significa anche fare un lavoro pedagogico, di formazione. Io ho bisogno di un luogo dove le cose hanno senso e per me questo luogo è solo in una comunità di donne, lesbiche. Lì le parole hanno senso - discutere, ad esempio, di democrazia diretta, ha senso… al di fuori di questo luogo mi perdo, ci perdiamo. Occorre creare questo luogo come punto di partenza se si vuol fare politica seriamente.»

Anna è una persona contraddittoria, insicura, solitaria, non molto coraggiosa – parole sue. Quarant'anni, finalmente un lavoro decente che le lascia un po' di tempo libero, la porta lontano da casa, da un rapporto stanco, da un passato con il quale, forse, preferisce non fare i conti e che pure, o proprio per questo, fa incrollabilmente parte del presente con il suo carico di silenzi, dubbi, paure, forse rimorsi.

«Mia mamma ha scoperto che ero lesbica quando avevo quindici anni. Trovò una lettera che avevo scritto a un giornale femminista – negai tutto e tornai con il fidanzatino che avevo lasciato da poco, per confondere un po' le acque, per convincerla che ero come mi voleva, ma a diciassette non ho resistito e gliel'ho ribadito, imposto con violenza, ma per paura delle conseguenze ancora una volta ho finito per negare e sono tornata nell'eterosessualità. Naturalmente ho vissuto delle storie con uomini, anzi, paradossalmente, pur intuendo sin da piccola quello che ero, ho prima risolto certi aspetti della mia identità con loro. Non volevo sottostare a certi modelli, però contemporaneamente non volevo essere diversa, dovevo vivere come tutti gli altri, dovevo passare attraverso questa esperienza, era inevitabile. All'inizio è stato difficile, non avevo riferimenti, niente in cui identificarmi, e poi non mi trovavo bene con gli uomini, non mi sono mai innamorata di loro, ci sono andata vicino, ma nulla più. Mi ha aiutata a prendere coscienza di me qualche buona lettura e soprattutto la voglia d'innamorarmi di una donna. A un certo punto non ho più avuto dubbi, ma ancora dovevo essere come gli altri, compiacere mia madre, per questo mi vivevo l'amore per le donne come una parte di me parallela al modello eterosessuale, e infatti lo dicevo ai miei compagni e questi generalmente parevano non preoccuparsene. La mia prima storia lesbica l'ho vissuta a ventun'anni, ma non è un bel ricordo. Era una donna più grande di me, frequentava certi gruppi cattolici un tempo nemmeno tanto graditi alla chiesa, insomma, era piena di problemi, ipocrisie. Mi ha fatto male, tanto male. Dopo un anno e mezzo mi ha lasciata per un'altra persona, ne ho sofferto moltissimo. Entrai in psicoterapia e questo mi aiutò a vivere un po' meglio la mia eterosessualità. Tornai con un mio ex e decidemmo di sposarci. Ma poi, frequentando l'università, le inquietudini tornarono a farsi sentire. Scrivevo tutto in un diario, cercavo di mantenere il controllo – mi dovevo sposare, io, non potevo certo permettermi di perdere la testa per una donna. Per varie ragioni andai a vivere in un appartamento con altre ragazze, fra loro ce n'era una che m'incuriosì. Insomma, per farla breve, nel giro di qualche settimana nacque fra noi una storiella giocosa, nulla di serio, tuttavia successe il finimondo: il mio fidanzato lo scoprì e parlò con lei, con la mia famiglia, cominciò a leggere le pagine del mio diario a mia madre che mi fece l'elenco delle donne che non dovevo più vedere. Naturalmente mi lasciai alle spalle entrambi – ormai la mia vita aveva preso un'altra direzione, definitiva.»

Intuisco che il rapporto con la madre è determinante: in due ore di conversazione l'ha ricordata spesso, con asprezza o ironia, comunque sorpassandola ogni volta. Diventa seria, prende fiato prima di affrontare l'argomento.

«Sono stata perseguitata da mia madre, ma oggi capisco che probabilmente era soltanto una mia impressione. Uscivo di casa e poi mi veniva in mente che stava scuriosando fra le mie cose e allora tornavo indietro in preda al panico. Lei ha trovato delle lettere perché io non le ho nascoste, forse volevo che sapesse chi ero, cercavo il modo di dirglielo, un dialogo, ma non mi aspettavo la sua durezza. Fra noi c'è sempre stato un legame molto forte che mi ha condizionato. Non è un caso che la sua malattia ho voluto viverla da lontano. È una mia caratteristica: se il dolore è forte mi sottraggo – è successo anche con altre persone che avevano bisogno di aiuto, lo dico: "non ce la faccio" e sparisco. A un certo punto, visto che non volevo più sposarmi era arrivata a dirmi "almeno la convivenza!". È stato un tormento. Verso i diciassette anni mi venne una reazione nervosa, non riuscivo a deglutire normalmente, dovevo sforzarmi – venne anche a lei. Mi osservava, mi stava sempre con il fiato sul collo. Aveva fatto la quinta elementare, faceva fatica a capire. Mi è stato detto che per lei ero fragile, che temeva per me, voleva proteggermi, sì, con le bombe - faceva la guerra preventiva! Quando è morta, anche se è stata una perdita terribile, mia, personale, intima – è stata anche una liberazione. Eppure quell'estate l'ho trascorsa da sola, a leggere e scrivere – cercavo di acciuffarla, di prenderla, di farla mia, tenerla vicino a me. Dopo ho cominciato a respirare. Sino ad allora ce l'avevo nella testa, entrava e usciva, dovevo fuggire perché il confronto non era possibile. Chiedevo aiuto per capire cosa mi stava succedendo e lei mi diceva che dovevo sposarmi. Avevo paura e lei si è spaventata più di me. Non è che volessi chissà cosa – non lo so cosa volevo, però la sua reazione mi ha terrorizzata, mi ha fatto chiudere in me stessa, mi ha impedito di esplorarmi.»
«Non pensi che tutto questo potrebbe essere frutto di un malinteso? Che la paura di deluderla e affrontarla abbia creato le premesse di un equivoco che si è protratto e incancrenito? E lei ha frainteso te: dato che le minacce hanno funzionato la prima volta e tu sei tornata con il tuo fidanzatino, lei ha continuato a fartele ogni volta, ha ingenuamente pensato che potesse funzionare sempre e quindi ha proseguito su questa strada.»
«Sì e poi non ci siamo più capite, abbiamo continuato a rapportarci sulla base di questo malinteso. È vero, hai ragione, non ci avevo mai pensato - ma quanta fatica...» Allargo le braccia, le sorrido con tenerezza, indulgenza. «Già, indietro non si torna.»

È tardi. Sono in apprensione, cerco di affrettare il passo ma lei cammina lentamente. Chiacchiera rilassata, ride, scherza. Penso alla trascrizione dell'intervista e le dico che mi piacerebbe poter suggerire l'ironia che l'inflessione dialettale trasmette, ma sospetto che sia impossibile farlo – e me ne rammarico.

«Dai, vieni a trovarmi qualche volta», mi dice salendo sul treno. Prende posto, tira fuori il Manifesto, la saluto e mentre scendo le scale penso che sì, forse c'incontreremo ancora.

19

MIRAGGI

11 Febbraio 2005

Guido lentamente. Forse sono in ritardo, ma non riesco ad accelerare. Strano stato d'animo quello che talvolta pervade quando ci si lascia alle spalle qualcosa d'importante: dolore, spavento, ma anche distacco - ci si guarda intorno e dentro come se tutto fosse altro. Oggi sono il fantasma di me stessa - non sento il corpo, non sento niente.

Giornata uggiosa, brezza gelida. Tappeto di coriandoli e stelle filanti. E il mare, laggiù – grigio, spumoso. Potrei camminare e camminare e camminare senza più fermarmi. Asciugo una lacrima. Mi nascondo dietro gli occhiali da sole – con questo tempo.

Tiziana mi viene incontro. È contenta di vedermi. Io vorrei sparire. Fingo abilmente, svicolo. Mi scuso per l'aspetto: forse un po' d'influenza – non è niente, passerà, certo, passerà.

Sì, passerà.

Ci sediamo. Un caffè. Una cioccolata. Ma cosa ci sto a fare, qua. Faccio persino fatica ad alzare la tazzina. Ma sorrido. «Si vede che non ti senti bene, hai gli occhi lucidi», mi dice. Ho gli occhi? «Hai visto la sfilata dei carri? Che bordello di gente...» - gente - «C'era anche la stronza, a un certo punto mi viene incontro e mi fa "ti trovo in forma"» - stronza - «Che faccia tosta! Era con Elisa» - Elisa. Le parole mi rimbalzano nel cervello - «Che storia, Cinzia, con la mia migliore amica! E fanno pure finta di nulla, si stupiscono che l'abbia presa tanto male! Tu come avresti reagito?»

Così, Tiziana: smaterializzandomi.

Ci vuole una sigaretta. Usciamo e mi sento proporle una passeggiata sulla spiaggia. Mi guarda di traverso: «Ma è freddo!» - è bello il mare d'inverno, camminare sulla sabbia fa bene. Medico pietoso, dispenso pillole di saggezza popolare a profusione.

«Ero così contenta che finalmente riuscissero a comunicare - lo sai, non erano mai andate d'accordo, non si trovavano simpatiche. Erano gelose una dell'altra. Se penso alla fatica che ho fatto per avvicinarle mi prenderei a calci! Che scema. Se poi mi viene in mente che me l'hanno praticamente fatta sotto il naso, Dio, le ammazzerei!»

Un ragazzo e una ragazza seduti su un tronco si tengono stretti. Un vecchio guarda l'orizzonte tenendosi il cappello. Raccoglitori muovono la sabbia in cerca di tesori. Affido a un bastone il peso del mio corpo e dei pensieri che non ho.

«Io ero contenta, almeno la Franci non se ne stava tutto il giorno da sola, senza avere qualcuno con cui parlare, fare delle cose. Ero tranquilla, no? Lo saresti stata anche tu.»

Io?

«E poi a entrambe non erano mai piaciute quelle troppo piccole, o mascoline, accidenti...»

Ma le cose cambiano, Tiziana. Nulla è per sempre.

La passeggiata è quasi deserta. I negozi sono chiusi. Mi sento hai confini della realtà – e forse lo sono.

«Marco dice che si vedeva benissimo, si sentiva che c'era qualcosa di strano. Dice anche che in fondo un po' è anche colpa mia. Secondo te?»

A star nel mondo ci si lorda. Com'è quel proverbio del mulino e della farina?

«Eh! Ma cosa avrei dovuto fare? Chiuderla in casa e buttare la chiave? Marco dice che secondo lui le avrei dovuto dare un ultimatum, o lei o me. Ma ti sembra possibile? E poi, comunque, aveva già deciso: "Prendiamoci una pausa, ti amo, ma adesso sono confusa, devo capire, dammi tempo", stronzate!»

Stronzate. Ricomincia l'eco.

«Magari, chissà, la storia fra loro non funziona. E se torna? Che faccio? Come si fa a buttar via tutto. Vorrei svegliarmi e scoprire di aver fatto solo un brutto sogno. Non pensavo che facesse così male. Non che le altre volte abbia fatto i salti dalla gioia, ma stavolta, è diverso...»

Non ci si abitua mai. Goditi le lacrime: sono una pozza d'acqua nel deserto – il resto è un miraggio. Ma le parole mi rimangono in gola.

«Ce l'ho fatta, eh, a stanarti? Certo anche tu, sempre chiusa in casa...»

Non vedi la farina? Ah, sono invisibile.

«Salutami la bimba.»

Già fatto.

20

LA VERITÀ

23 Aprile 2005

«Avevo una parente alla quale in famiglia pochi accennavano, ma se qualcuno la rammentava subito qualcun altro si affrettava a cambiare discorso. Ero una bambina, m'incuriosiva questa figura misteriosa che non avevo mai visto e nessuno invitava per le feste comandate. Da noi c'era l'usanza di riunirci tutti, erano festeggiamenti grandi e complicati. Le donne si mettevano ai fornelli già nei giorni precedenti: pasta fatta in casa, tortelli, arrosti, sughi, torte. Mamma tirava fuori i serviti buoni e io dovevo dare una mano nei preparativi: lucidare le posate, le brocche e i bicchieri per il vino, l'acqua, lo spumante, lavare le porcellane, rinnovare le tovaglie del corredo e i tovaglioli ricamati, preparare e disporre le ceste traboccanti di frutta secca e fresca. Gli uomini rifornivano la legnaia, infiascavano il vino, allestivano il salone predisponendo i tavoli messi a ferro di cavallo, accoglievano i parenti che venivano da lontano e li intrattenevano offrendogli il novello già dal mattino. Ho visto più nasi e gote rosse durante la mia giovinezza che in tutto il resto della mia lunga vita, certe cantate...»

Livia è una donna di sessant'anni, capelli completamente bianchi, mani callose, la pelle del viso distesa, da fare invidia, e un'espressione simpatica che mette di buon umore. Vive ancora nella cascina dove è nata e cresciuta. Ha tre figli accasati e un buon marito che la segue come un'ombra, premuroso e silenzioso – lei non ha bisogno di chiedere, lui sa sempre cosa vuole e l'accontenta. Mi accolgono con semplicità, in una giornata limpidissima. Mi mostrano lo splendido panorama, poi la casa: odore buono di legna arsa, bucato appena fatto, mosto; vecchi mobili contadini, caminetti e stufe di ghisa, soffitti a travicelli imbiancati, in terra mezzane consumate, quel buon cotto che una volta si teneva pulito strofinandolo con la scopa di saggina e un po' di segatura inumidita.

«Venga, approfittiamo di questo bel solicello e mangiamo fuori. Marta, portami lo scialle quando scendi!»

In veranda, Gino ha già messo in tavola salumi e formaggi nostrani, olive, cipolle sott'aceto, pane casalingo sciocco, l'olio buono per fare la fett'unta e l'immancabile fiasco del vino.

«Alla buona, solo uno spuntino - non siamo mica a Natale!»

Marta arriva con lo scialle e glielo mette sulle spalle: «Mamma, ma non è un po' prestino per mangiare fuori?»

«Prestino? Siamo in ritardo!» - poi, rivolgendosi a me - «Quest'anno, la mimosa è fiorita alla fine di Marzo, sa?»

Sì, l'ho notato.

«Assaggi questo e mi dica se le piace.» Gino è orgoglioso della sua vigna, mi riempie il bicchiere e rimane fermo con il fiasco a mezz'aria.

Non me ne intendo ma il sapore sembra davvero buono, fruttato direi, e fresco: «Uhm, va giù che è una meraviglia», dico continuando a sorseggiare e lui finalmente si siede, soddisfatto. Ho freddo, non sono temprata come questa brava gente che dorme ancora fra le lenzuola di lino – se lo sapevo mi mettevo qualcosa di più pesante. Mi raggomitolo come posso nella giacca di pelle e cerco di convincermi che presto mi passerà.

Marta ricorda a sua madre che raccolgo storie di donne insolite. Intuisco che preferisce non specificare più per una forma di riguardo che per imbarazzo. Ci siamo conosciute via Internet, dopo che ha visitato il sito. Non è lesbica, ma in casa sua l'argomento non è un tabù – il buon senso è merce rara ma non ancora introvabile.

«Racconta, mamma, racconta della zia Mari», la pungola.

«In realtà non ne so molto. Credo che lavorasse in teatro, forse dipingeva le scene o qualcosa di simile. Se n'era andata all'estero giovanissima dopo aver litigato con la famiglia che l'aveva diseredata. Era tornata in Italia subito dopo la guerra, con un'amica, vivevano insieme in città. A casa ho spesso sentito dire che se la passava bene - troppo. A qualcuno non andava giù che stesse addirittura meglio di noi. A me faceva rabbia che ne parlassero poco e male, non mi sembrava una bella cosa. Anche a mamma dava noia, ma non ricordo che si sia mai risentita. La nonna invece era talmente invelenita che appena saltava fuori il suo nome attaccava a imprecare in un modo tale che alla fine dovevano darsi da fare per calmarla. «Che vergogna!» - ripeteva, e io mi chiedevo cosa poteva aver fatto di tanto terribile se nemmeno il prete la nominava. Un giorno, quand'ero un po' più grandicella, chiesi spiegazioni allo zio Libero e lui mi disse che faceva cose bruttissime, contronatura, ma era meglio che non me ne interessassi perché a volte una sola mela marcia può rovinare tutte le altre! Pensai a una malattia contagiosa e ne rimasi impressionata. Con gli anni cominciarono a parlarne sempre meno. Io ormai mi ero fidanzata e avevo altro per la testa, però mi colpiva che nessuno s'interessasse al suo stato di salute: era malata, no? E invece l'attenzione pareva concentrarsi solo sulla sua fortuna, quasi fosse un'aggravante, una colpa. "Menomale," – pensavo – "almeno non deve stare rinchiusa da qualche parte, in povertà" – ero ingenua, certe cose non sapevo nemmeno che esistessero.»

Marta ascolta, attenta. Gino annuisce, senza fiatare.

«Quando morì la nonna accadde l'imprevedibile: eravamo in chiesa e a un tratto si levò un mormorio. Noi eravamo in seconda fila, davanti al prete che strabuzzò gli occhi e per un attimo rimase in silenzio guardando dritto davanti a sé. Sembrava che avesse visto un fantasma. Mi voltai, tutti ci voltammo, ma non vidi nulla di particolare, solo tanta gente in piedi, in fondo alla chiesa. Il brusio, però, si fece più deciso. Guardai Gino e poi mia mamma. "È arrivata", sussurrò. Ancora non capivo. Poco dopo due donne si sedettero davanti a noi costringendo una parte dei parenti a far posto mentre un'altra si alzò all'istante, stizzita, liberando la panca per una buona metà. Intanto il prete aveva ripreso l'omelia senza staccargli gli occhi di dosso. Mia madre posò la mano sulla spalla di una delle due signore e la strinse con forza. Le lacrime ricominciarono a scenderle sulle guance arrossate. La donna si voltò e mi venne quasi un accidente: era identica alla mamma! Occhi di ghiaccio, labbra sottili, i tratti del viso squadrati, forti – come i suoi. Guardò lei, poi me, infine ancora mia madre che annuì – sorrise carezzandole amorevolmente la mano. Era la zia Mari, sua sorella, gemella. Fu uno shock – non ne sapevo assolutamente nulla. Chissà perché, ma la cosa che desideravo di più in quel momento era saltarle al collo. Com'era bella. Guardando lei mi resi conto per la prima volta che anche mia madre lo era...»

Gino sorride, si alza e sparisce. Marta mi guarda soddisfatta. Sì, aveva ragione, è proprio una bella storia.

«Dopo la funzione accompagnammo il feretro sino al cimitero, come si usava in campagna, a piedi. La zia si avvicinò alla mamma e la prese sottobraccio: "Ti presento Carol, la mia amica. Carol, questa è mia nipote Livia, suo marito Gino e mia sorella, Teresa", mi colpì la confidenza, l'affetto, non riuscivano a staccarsi una dall'altra. Carol si unì a noi mentre la mamma e la zia parlottavano, sottovoce, a poca distanza. Pensai che avevano tante di quelle cose da dirsi e che il tempo non sarebbe bastato. Carol non era bella, ma emanava un fascino tutto suo. Era alta e ricordo che aveva un buon odore, non profumo, proprio odore. Ci chiese se eravamo felici, se volevamo dei figli (domanda inconsueta in quegli anni, averli era scontato, in campagna ci si sposava quasi solo per quello), ci invitò ad andarle a trovare: avevano una casa molto grande, non ci avrebbero recato disturbo. Era gentile e molto ben educata, parlava bene l'italiano anche se con un forte accento straniero che mi faceva un po' ridere. Simpatizzò subito con Gino con il quale discusse a lungo di automobili, la sua passione. Rimasi sconcertata che una donna potesse intendersi così tanto di motori a scoppio e corse automobilistiche.»

Gino è tornato con la caffettiera fumante e mentre serve il caffè mi racconta che a quel tempo aveva un problema con un trattore che non voleva funzionare e fu Carol a suggerirgli le riparazioni giuste: «Era una donna straordinaria, lo erano entrambe.»

«Fu un funerale insolito, pieno di sentimenti contrastanti. Da una parte il dolore, dall'altra la curiosità e un senso di contentezza, di euforia che non saprei spiegare. Comunque nessuno si avvicinò a noi sin tanto che c'erano la zia Mari e Carol. Intorno avevamo il vuoto, gli sguardi erano sfuggenti. Avvertivo astio, disprezzo. Quando il feretro scese nella fossa e mia madre insieme alla zia vi gettarono un pugno di terra, il silenzio si fece pesante e ognuno si sentì autorizzato a scrutarle. Subito dopo si fece avanti lo zio Libero: "Hai fatto male a venire, Gigliola si sta rivoltando nella tomba, non te lo perdoneremo mai!" – disse a muso duro alla zia, e lei: "Me ne frego. Grazie a Dio ho imparato a fare a meno di voi e del vostro giudizio." Poi se la prese con la mamma: "E tu, non ti vergogni neanche un po'? Lo sapevi, vero, che sarebbe venuta? Fare questo a tua madre..." – "Attento a quel che dici, ho sopportato a lungo, anche troppo – ora basta, avete finito di rovinarci la vita!". Ci fu un piccolo parapiglia, Gino lo prese per il bavero stintignandolo perbenino e gli disse che se aveva qualcos'altro da dire che aspettasse almeno di uscire dal cimitero – tutti si ricomposero e appena fuori dal cancello sparirono in un battibaleno. Da allora non li abbiamo quasi più visti.»

Rientriamo. Il sole ha girato intorno alla casa, si è alzato il vento e fuori, ormai, il freddo si è fatto pungente. Gino accende il camino. Marta mette in tavola un distillato fatto in casa, del vin santo, una splendida torta al cioccolato – ne accetto volentieri una fetta, è squisita.

«Sa, era Gigliola che teneva unita la famiglia, nel bene e nel male. Una donna fortissima, una vera matriarca, vecchio stampo. Non creda che fosse cattiva, ma aveva le sue idee. A quell'epoca c'erano delle cose che non si potevano assolutamente fare, già era strano che una donna lavorasse, nell'arte poi, e poi zitella, accompagnata a una donna. No, no, era troppo per chiunque. Mia zia aveva fatto due errori ai quali non era possibile rimediare: rifiutare con decisione il matrimonio senza nemmeno prenderlo in considerazione come ipotesi futura e dare scandalo pubblicamente frequentando una donna del paese che tutti definivano invertita. Parliamo degli anni Quaranta, mica l'altro giorno! C'era il fascismo in Italia e le persone come lei potevano passare dei guai seri. Mari dovette andarsene e non poté tornare, d'altronde che ci stava a fare qua? Che futuro poteva avere?»

Deceduta la matriarca, però, i rapporti potevano ricominciare.

«Non ne ebbero il tempo. Carol era già ammalata di cancro. Morì pochi mesi dopo fra atroci sofferenze. I suoi parenti improvvisamente si ricordarono di lei e vennero a prendersi quello che, in effetti, era di entrambe. La casa, i mobili, i soldi, tutto era a metà, guadagnato, messo insieme dopo vent'anni di lavoro e vita in comune, ma di scritto c'era poco, non avevano ritenuto necessario cautelarsi, ammesso che fosse servito, e quando Carol cominciò a star male ebbero altro a cui pensare, né potevano aspettarsi che i parenti avrebbero dimenticato di averla allontanata senza volerne sapere più nulla. Insomma, zia Mari dovette arrendersi. Di suo non aveva molto per poter sostenere una lunga battaglia giudiziaria alla fine della quale, comunque, con buona probabilità, le avrebbero tolto tutto, o quasi. Non era imparentata, la legge non le riconosceva alcun diritto. Arrivarono persino a sfrattarla, dalla sua casa! Si ritrovò su una strada, sola, con i suoi effetti personali, qualche vecchia fotografia. Mamma le chiese di venire a stare da noi, ma lei preferì rimanere lì, accanto a Carol. "Si sono presi ogni cosa, ma almeno il suo corpo me l'hanno lasciato," – disse – "chi se ne occuperà se me ne vado?". Prese in affitto un piccolissimo appartamento e dopo meno di un anno la raggiunse. Io credo che se la sia portata via il dispiacere, la solitudine, il senso d'impotenza, la rabbia. Mia mamma non si è mai perdonata di aver rinunciato a lei per non contraddire mia nonna, i parenti, per non inimicarsi la gente, non sottoporci al giudizio, non pagarne le conseguenze. Quando l'ha fatto ormai era tardi.» - il marito le porge un fazzoletto - «La nostra famiglia non è stata da meno, sa? Quando è morta si sono azzuffati fra loro anche per dividersi il televisore.» Le chiedo dove è seppellita. «Abbiamo fatto costruire una cappella. Adesso, almeno lì, possono riposare in pace, insieme. Mamma, Carol e Maristella - nessuno può impedirglielo.»

Gino ha gli occhi lucidi, tira su col naso. Marta arriva con una grande scatola piena di fotografie. «Le stavano buttando via, se non se ne fosse accorta la mamma sarebbero andate perdute. Posso?» - chiede.
«Certo, in questa casa non abbiamo segreti, più nessuno ci costringerà ad averne e nessuno dovrà sacrificarsi per difenderli.»

Marta fa spazio e il tempo si ferma.

«La verità è qualcosa che le anime malate non possono né produrre né tollerare, non crede?»

Sì, Gino, lo penso anch'io.

21

MIELE NEL VINO

26 Gennaio 2006

Sara mi scrisse per la prima volta nel Gennaio dell'anno scorso. Mezze parole, mezze frasi, il tentativo di dire tutto senza dire nulla, per non esporsi a un supplemento di offesa, a nuovi pericoli e incomprensioni. Traspariva la paura per sé e altri, la disperazione, una fiera solitudine senza rimedio, la rabbia per i torti subiti, la certezza che per quanto si fosse sforzata, nessuno avrebbe potuto capire.

Aveva conosciuto l'amore e vi aveva dovuto rinunciare, ma a quell'amore aveva giurato rispetto e fedeltà, eterna – non s'infrangono le promesse. E così aveva smesso di vivere, semplicemente – aveva creduto di non avere alcun diritto, di non meritare altro che il ricordo di quella felicità, perduta. E accendeva candele, portava fiori al suo capezzale.

L'amore sboccia dove e come vuole, nulla e nessuno può impedirlo. Ma l'amore può essere osteggiato, vilipeso, punito, brutalizzato, usato per annientare - come un'arma, la più subdola, potente e imprevedibile. Chi ha interesse a servirsene, qualsiasi scopo abbia, può solo sbagliare e fare male.

Ci sentimmo per telefono. Avvertii il suo desiderio di uscire dal pozzo nel quale l'avevano spinta, nel quale si costringeva da anni, muta. Vidi il suo buio e, più tardi, vidi la sua mano emergere, fra tante cercare la mia. Era pronta. Non dovevo far altro che dirle "ci sono". A poco a poco emerse, da sola, e fu come un fiume in piena che si riprende quello che la follia degli uomini gli ha sottratto. Riconobbe per sé le parole che non aveva osato dire e le usò.

Sara ed Elena si erano inaspettatamente amate ma quando i genitori di Elena se ne accorsero pensarono di dover intervenire, anzi, quella fu l'occasione tanto attesa (probabilmente cercata) per tornare ad avere il controllo di una figlia che, naturalmente altro da loro, con una propria identità, proprie esigenze e aspirazioni, distante da come la volevano e come avrebbe dovuto essere, li aveva frodati, delusi, sin troppo disonorati. Inutile dire che l'aggressione fu spropositata e non risparmiò nessuno causando ferite che non guariranno mai. Un fulmine a ciel sereno per i genitori di Sara che dovettero sopportare umiliazioni, insulti e accuse terribili, senza riuscire a scagionarsi, senza saperla proteggere. Come lei, anche loro non avevano le parole per farlo, né alcuna consapevolezza di ciò che stava succedendo. Come lei, anche loro credevano che certe cose potessero accadere solo agli altri. Come lei, anche loro avevano immaginato un futuro diverso, estraneo alla vergogna e all'ignominia. E invece eccoli lì, sbattuti faccia a terra, calpestati, oltraggiati, minacciati – da amici, carissimi per giunta. E tutto per l'insensatezza di un momento - certo. Sara non era, non è... come le chiamano quelle là? No, non c'erano parole – e calò un silenzio sepolcrale.

Sara si sentì confusa. Improvvisamente non seppe più chi era, quale fosse la sua strada. Tutte le sue certezze andarono in frantumi. L'amore non sboccia dove e come vuole? E allora, cosa c'è di male a voler bene?

Si sentì sporca, sbagliata. In colpa per non aver saputo impedire a quello schifo di insozzare il sentimento più bello e puro che avesse mai provato. Si sentì in colpa per non essere riuscita a difenderlo. Ma si sentì anche delusa e arrabbiata: Elena non era stata prudente, aveva deliberatamente lasciato in giro le sue lettere consegnando se stessa, lei, la sua famiglia e il loro amore a quel massacro – perché? Perché se n'era rimasta in disparte senza alcun moto di ribellione, braccia conserte a guardare? Perché non le dava alternativa? Perché accettava che le separassero? Perché le chiedeva di legarsi a lei per sempre senza offrirle altro che la sua ubbidiente assenza?

Con quegli interrogativi ai quali non avrebbe avuto risposta chiuse il mondo fuori dalla sua vita. Il disastro era compiuto. Pensò che nulla avrebbe mai potuto definirla, spiegarla, affrancarla – restituirla a un'esistenza piena e soddisfacente, restituirle dignità, legittimità, candore.

Invece... Oggi è qua, al mio fianco.

UN RAGGIO DI SOLE

Lei camminava scalza perché farlo la faceva sentire più bella. Sembrava essere lì per farsi guardare ma non solo per vanità. Sembrava aver trovato la formula magica che rende la vita davvero piacevole, sembrava aver capito tutto su come si affrontano le difficoltà, su come si possa sempre fare la cosa giusta. Eppure era ancora così giovane. Lei voleva insegnare a qualcuno la sua felicità, non per privarsene, solo per dare a quella gioia uno scopo, ma era ancora così ingenua.

La sua compagna di viaggio viveva nascosta dietro un bellissimo sorriso ed era convinta che nessuno avrebbe mai capito, tanto facilmente, tutto ciò che quel sorriso nascondeva. Era capace di osservare il mondo con lo sguardo di un bambino che vuole imparare tutto, era capace di vedere il bello che circonda la vita ogni giorno e, dall'alto della sua solitudine, era in grado di ascoltare chi ne aveva bisogno.

Partirono, senza conoscersi, un giorno d'Agosto di un'estate caldissima.

Lei fu la prima a capire che poteva fidarsi e fece il primo passo. Sapeva che se vuoi conoscere qualcuno devi farti conoscere, se vuoi andare oltre le apparenze devi mostrare qualcosa di intimo di te.

Raccontò della sua malattia e delle difficoltà che ogni giorno affrontava senza che nessuno se ne accorgesse. Una malattia subdola che ti permette di condurre una vita apparentemente normale, ma facendo il doppio della normale fatica che fanno tutti nel compiere anche i gesti più comuni. La sofferenza più grande in questa malattia, diceva Sara, era l'impossibilità di far capire agli altri le proprie esigenze, di essere aiutata senza essere compatita.

Quel giorno però, mentre parlava, vedeva negli occhi di Elena un'attenzione e un interesse sincero. Eppure quasi non si conoscevano, fino a qualche anno prima a mala pena si sopportavano e adesso erano lì, per uno strano e non casuale gioco del destino, insieme e lontane da casa.

Sara raccontò della felicità di potersi alzare e fare una passeggiata, raccontò della soddisfazione che possono dare i gesti più piccoli quando hai provato cosa significa non riuscire più a farli. Spiegò tutto senza retorica e senza presunzione. Parlò per ore con la sensazione di essere ascoltata davvero e ne ebbe la conferma a ogni loro spostamento nei giorni successivi.

Elena era attenta alle sue esigenze anche senza sapere esattamente quali fossero, anche senza averne un riscontro. Aveva per lei delle premure che nessuno si era mai preoccupato di avere, ma ciò che più contava per Sara era che tutti quei gesti erano fatti senza mai essere sottolineati. Ad esempio arrivare fino alla spiaggia in macchina sembrò la cosa più naturale del mondo, Elena non si lamentò mai dei problemi di parcheggio che questo comportava, non disse mai che lo stava facendo perché adesso sapeva della malattia, non chiese mai a Sara se poteva provare a percorrere la strada a piedi.

Fece tutto questo in modo talmente naturale che all'inizio Sara non se ne rese nemmeno conto. Non le era mai successo di non dover chiedere, di non doversi sentire un peso, di non dover fare fatiche incredibili per adeguarsi alle esigenze degli altri. Ora, una persona quasi sconosciuta si prendeva cura di lei senza farlo pesare. Non era una cosa scontata e Sara non avrebbe potuto sperare di più.

Elena era semplicemente così e non le costava affatto fare quello che faceva, anzi, si trovava in compagnia di una persona che aveva scoperto inaspettatamente bella. L'aveva portata in viaggio con sé per fare un favore a sua madre e adesso, dopo poche ore con lei, né scopriva un fascino al quale faticava a sottrarsi. Aveva il fascino che hanno tutte la persone forti e aveva superato la prova del gioco. Vince chi indovina quale dei due ascensori si aprirà per primo. Se Sara l'avesse liquidato come troppo stupido, Elena l'avrebbe considerata superficiale. Sara, invece, giocò con lei. Entrambe sapevano che questo è uno dei pochi modi per diventare grandi senza perdere la coscienza delle cose che davvero contano nella vita.

Il terzo giorno su uno scoglio piatto cercarono di dare una forma comprensibile alle nuvole e finirono a parlare dell'amicizia e dell'amore.

Sara ascoltava e scopriva a ogni parola che quel modo di sentire la vita così profondo e assoluto la stava facendo tremare, accelerava il battito del suo cuore e scaldava la sua pelle come quel raggio di sole che si studia a scuola. Quel raggio che ti trafigge mentre sei solo sul cuor della terra e vorresti che fosse davvero subito sera perché hai la sensazione che non ci sarà mai più qualcosa di così dirompente da assaporare. Se lo scopo della vita fosse stato arrivare a quell'attimo, a lei sarebbe bastato.

Elena parlava senza credere di poter essere capita e non sapeva di essere per Sara così trasparente.

Mesi dopo avrebbero detto che la sola ragione per cui era stato creato l'universo era di far giungere loro a quell'istante. La presunzione a volte descrive meglio di molte altre parole cosa sia la felicità.

Nacque tra loro una comprensione profonda basata su un comune sentire difficilmente spiegabile. Il linguaggio umano non è abbastanza sofisticato da saper descrivere degnamente la complessità di ciò che può provare il corpo, l'infinita gamma di quelle che chiamiamo emozioni.

Entrambe consideravano la vera amicizia una sublime forma d'amore, entrambe credevano che incontrare un'anima che capisca la tua non è cosa che capita ogni giorno, non è cosa che capita a tutti, non è cosa che si possa ignorare.

Quel sentimento, inizialmente senza nome, diventò dapprima dialogo, quindi amicizia e infine fu amore. E non sapevano che lo fosse o almeno definire cosa provavano non era in cima alle loro priorità. Furono altre circostanze a imporre loro una definizione, ma per il momento potevano godersi l'essersi incontrate senza preoccuparsi d'altro.

Al mattino si svegliarono nello stesso istante e da quella sera si presero per mano.

Non si erano mai sfiorate prima.

Sara camminava scalza, faceva il caffè, portava vestitini leggerissimi e quando si sedeva sul terrazzo guardava lontano.

Elena guardava lei, osservava i suoi occhi guardare lontano e avrebbe voluto catturare un po' di quella bellezza per usarla in futuro come antidoto ai giorni pieni di nuvole.

Smisero di dormire. Sara scrisse le sue emozioni su foglietti che riempiva di notte al chiaro di luna. Elena si svegliava per tenerle compagnia, le prendeva la mano e si commuoveva leggendo quanto amore poteva esserci in un "grazie di avermi fatto sentire così".

L'ultima notte le loro mani non si lasciarono un istante, si parlarono nel silenzio solo ascoltando l'una la presenza dell'altra e infine furono costrette a ripartire.

Ripercorsero quella strada al contrario, si promisero che ci sarebbero sempre state.

Nei primi giorni dopo il ritorno nessuno sembrò badare a loro. Si sentivano sovente, facevano quello che avevano sempre fatto, ma ora potevano condividerlo con qualcuno. Una storia su un quotidiano, una frase trovata per caso, una coccinella gialla, la maglietta scelta quel mattino, tutto, anche i gesti più insignificanti, avevano acquistato un senso profondo. La loro esistenza non sarebbe passata inosservata, ci sarebbe stato qualcuno davvero interessato a capirne ogni passo, questo solo contava.

L'ingenuità di pensare che la vita potesse essere vissuta interamente in quel modo non poté durare a lungo, ma ebbero la fortuna di rubare ancora qualche giorno prima di scontrarsi con una realtà inaspettata e crudele. Altri tre giorni al mare insieme furono sufficienti a suggellare quello che fino a quel momento era rimasto un po' vago a fluttuare nell'aria come un sogno.

Elena adorava ascoltarla raccontare. Il modo in cui, la sera dello scoglio, era riuscita a scegliere le parole giuste per spiegare quell'attimo, il modo in cui la faceva sentire averla al suo fianco erano stati abbastanza per capire cosa provava. L'avrebbe ascoltata per ore senza stancarsi.

Sara aveva cercato per tutta la vita qualcuno che la guardasse così ma in nessun uomo, per quanto ci fosse stato amore, aveva trovato la stessa comprensione.

Quel pomeriggio, seduta al suo fianco, Sara lesse una delle sue pagine preferite e tanto bastò per dirsi le due parole meno originali al mondo eppure le più desiderate.

Sara avrebbe voluto vedere l'alba. Misero la sveglia ma rimasero nel letto, non c'era urgenza, avrebbero guardato sorgere il sole un'altra volta.

Ebbero il tempo di un bacio e di una sera sul molo. Le spiagge erano piene di gente con le candele in mano. Le candele venivano depositate sull'acqua e le onde portavano in mare aperto piccole luci ondeggianti. Quell'anno Marte era vicinissimo alla terra.

Dopo quella sera tutto iniziò lentamente a cambiare.

S'impegnarono per dare una forma accettabile al loro rapporto. Cercarono insieme molte risposte che non riuscirono a trovare. Non potevano lottare contro il loro amore eppure non riuscivano a spiegarlo. Sapevano che nella vita reale niente sarebbe più stato come prima ma furono tanto ingenue da credere nella comprensione degli altri.

Trascorsero qualche mese cercando di conciliare la voglia di essere insieme ogni attimo e l'esigenza di frenare il desiderio. Ma qualcuno iniziò a insospettirsi e mentre loro facevano sforzi enormi per riuscire a stare lontane almeno un paio di settimane, i paladini della moralità e della giustizia stavano già preparando le loro trappole.

E tutto non poté che peggiorare. Le spese per il telefono diventarono insostenibili, le loro verità diventarono, con gli altri, delle mezze verità e le mezze verità diventarono, infine, bugie. Ma il loro amore non faceva che rafforzarsi. I loro incontri lo esaltavano con piccoli gesti preziosi. Un giorno Sara arrivò con un mazzo di girasoli: "Avevo promesso che ti avrei portato il sole, dicevo sul serio". Ricevette un taccuino e una stilografica. Non potevano esserci regali più adatti a lei ma nessuno ci aveva mai pensato.

Le loro preferenze furono tutte condivise. Elena masterizzò cd che Sara imparò a memoria. Parlavano di tutti i film che avrebbero voluto vedere insieme bevendo un tè o mangiando cioccolata, parlavano di arte e di architettura, condividevano le foto che facevano e quelle che avrebbero voluto fare. Condividevano le loro vite e immaginavano un futuro possibile.

Tutto ciò che non potevano fare era rimandato, avrebbero avuto tempo.

Quel periodo fu difficile, soprattutto per Sara. Aveva donato la sua felicità ma questo aveva avuto un prezzo da pagare. La sua vita fino al momento prima di partire sembrava aver trovato un equilibrio perfetto. Non senza fatica si era costruita rapporti profondi e importanti e ora non era sicura che quelle amiche, per quanto fossero persone speciali, avrebbero capito. Alla fine fu costretta a mentire anche a loro. Tutto questo coincise con altri cambiamenti. Il suo corso di studi volgeva al termine e pochi esami e la tesi non giustificavano più la sua vita in un'altra città. Dovette lasciare la sua casa e le sue amiche migliori, dovette rinunciare al corso di teatro e a tutti i ragazzi che con lei avevano condiviso quell'esperienza incredibile.

Aver incontrato Elena le sembrò un'ancora di salvezza, ma fu un'ancora tanto pesante da trascinarla in un baratro. Non poteva raccontarlo a nessuno ma non riusciva a prescindere da quell'amore; senza, la sua vita avrebbe perso significato.

Elena aveva scoperto di poter essere ancora felice, lavorava con passione ma adesso non più soltanto per se stessa. Le sarebbe bastato poterla avere sempre al suo fianco, poterla guardare, poterle dire ogni giorno: sei unica. E ogni giorno Sara avrebbe trovato il modo di esserlo per lei. Nel bene e nel male, per sempre.

Sara mise in un pacchetto due matite di pura grafite. Nella lettera era spiegato che la grafite è costituita da carbonio esattamente come il diamante. Scrisse che erano il simbolo di una promessa eterna. Solo l'irrazionalità dell'amore può far credere che l'assoluto e il perfetto lo siano.

Per la maggior parte delle persone della loro età sarebbe stato forse fin troppo semplice realizzare il sogno di non perdersi più. Nessuno chiede a due persone che si innamorano come è potuto succedere. Moltissimi decidono di condividere la loro vita per i motivi più disparati, eppure questo non sembra essere un grave problema per nessuno.

Per Elena e Sara fu molto diverso. Quando finirono i soldi per le telefonate dovettero rinunciare alla voce e si accontentarono delle parole scritte. Non potendo vivere appieno quell'amore, inventarono giochi per sentirsi vicine, per darsi forza a vicenda, per consolarsi e per continuare a crederci. "Non aver paura, ci sono", "la mia mano è sempre rimasta nella tua", "dormi tranquilla, sono al tuo fianco". I sogni diventavano reali, la realtà un desiderio irrealizzabile.

Alla fine furono sopraffatte senza preavviso. Elena non aveva capito che i "crociati" li aveva in casa e quando le loro lettere furono violate, il loro amore messo in piazza e trasformato in qualcosa di sporco, loro non ebbero la possibilità di difendersi.

Nessuno riuscì ad ascoltare. Tutti cercavano spiegazioni.

Il loro amore era incomprensibile per chiunque.

Elena e Sara non avevano mai pensato che tutto sarebbe stato facile, ma si chiedevano come fosse possibile una reazione tanto violenta. In fondo certe cose ormai si vedono al cinema, tutti ne discutono e tutti, qualunque opinione abbiano, parlano di tolleranza o addirittura di rispetto. Forse è più facile essere tolleranti con i figli degli altri, forse è più facile capire quando le cose non influiscono minimamente sulla propria vita.

Elena e Sara riuscirono a resistere alcuni mesi. Ebbero soltanto una notte ma quella fu perfetta.

Si abbracciarono per l'ultima volta una domenica all'inizio di dicembre, piansero insieme solo quel giorno perché le altre lacrime furono solitarie.

Fu insopportabile.

Il contatto tra loro si era ridotto a un sottile filo di parole. Elena viveva sotto pressioni continue, bisognava per forza che rinnegasse tutto e forse sarebbe stata perdonata. Fino ad allora non poteva più considerarsi figlia. Sara era ormai convinta di vivere in un incubo. Non poteva essere quello il ventunesimo secolo. Era cresciuta *credendo nel rispetto tra gli esseri umani, pensando, ingenuamente, che il dialogo potesse risolvere ogni incomprensione e invece avrebbe dovuto vedere che la violenza predomina sempre.*

Quando ebbero per la prima volta la sensazione della perdita fu come dover imparare a vivere soffocando lentamente. Nessuno si accorse di tutto quel dolore.

Questa condizione rese l'amore tra Elena e Sara ancora più forte. Riuscivano ormai a capirsi anche quando non erano d'accordo su come affrontare la situazione, riuscivano a trovare comunque il modo di farsi luce nel buio.

Il 29 di Febbraio furono costrette a separarsi. Al momento non trovarono alternative.

C'era forse un'altra strada? Erano abbastanza grandi per fuggire insieme? E questo sarebbe bastato a dimostrare che si amavano davvero?

Quanto era successo ad Agosto aveva segnato troppo profondamente le loro vite per essere buttato, ma cosa o chi avrebbe potuto salvare il loro amore? Esisteva un gesto di fronte al quale tutti avrebbero capito? Esisteva un modo saggio per ribellarsi?

Le persone che avevano deciso di dividerle non avrebbero accettato nessuna soluzione diversa dalla distruzione del loro insano rapporto e usarono a questo scopo parole talmente crudeli da essere irripetibili.

Quando si salutarono non ebbero il coraggio di dirsi addio. Elena promise: "Tornerò. Un giorno tornerò, ti prenderò per mano e ti porterò a vedere l'alba che non abbiamo mai visto". Sara volle crederle: "Ci sarò ad aspettarti e ti amerò ancora e forse di più".

Sara uscì di casa, comprò due piccole fedi d'argento, vi arrotolò in mezzo un foglietto di carta pergamena su cui scrisse: "Con il mare come testimone e il sole come ministro di Dio". Chiuse tutto in una minuscola scatola di latta gialla con un sole sul coperchio. La strinse nel pugno. Si sedette e l'aspettò.

Sara C.

22

TONIO CARTONIO

11 Febbraio 2005

Con Maurizio non ci sono tentennamenti, non ci sono *se, ma*. Lui è un estroverso – ed è maschio, appunto. Secondogenito, ma prediletto – non è un dettaglio senza importanza.

Qualcuno avrà presente Tonio Cartonio, il personaggio televisivo del Fantabosco, nel programma pomeridiano dedicato ai più piccoli, "La melevisione" – ecco, Maurizio lo ricorda, assomiglia a un folletto. Biondo, occhi azzurri, piccoletto e sodo, vivace, talvolta travolgente. È un leone – s'incendia e spenge con facilità. Ortocolturista, designer di giardini. Sposato. Due figli, maschi. E omosessuale, fidanzatissimo – finalmente (da single è insopportabile – monotematico).

Novembre, o giù di lì, non ricordo con esattezza. Primo pomeriggio. Arriva con Yago (cinque anni – rapporto simbiotico, sono due gocce d'acqua), lo sistema sulla poltrona sincronizzandolo con il Game Boy e, stimolato da alcune mie incerte domande, comincia subito, senza imbarazzi.

«La prima esperienza sessuale l'ho avuta a dodici anni, con un'amica di mia madre che ne aveva trentasei. Pedofilia? Non so, non lo considero un episodio traumatico. Per il resto, la mia adolescenza è stata piuttosto normale. Con gli amici giocavamo, facevamo le cose che facevano tutti alla nostra età, in un contesto sociale di campagna, di paese. Giochi erotici abbastanza innocenti, certo, fra maschi (alcuni, poi, si sono rivelati per quello che erano: omosessuali – come me), ma prendendo delle cotte per le ragazze – però non saprei dire se questo accadeva per dovere o per piacere, perché alla fine tornavamo sempre fra noi, solo fra noi avevamo una sessualità davvero spensierata, fantasiosa. Quindi c'è stato lo sradicamento, l'allontanamento forzato dalla vita di paese. Nessuno sapeva niente, nessuno faceva niente, però venne fuori che, fra tanti, io ero quello strano. A un certo punto le famiglie dei miei amici decisero che non dovevo più uscire con loro. Ad oggi non me lo spiego. È vero che mi comportavo piuttosto spontaneamente, liberamente, ma ti giuro che non ero poi molto diverso dagli altri. Inoltre m'iscrissi alle scuole superiori di un'altra città e a poco a poco il distacco divenne definitivo. Ma quando tornavo, l'offesa ricevuta mi spingeva a esserlo davvero, più per provocazione che per altro.

C'è stata la fase punk, quella dark, allora sì che ero strano, drogato e tutto il resto. Trent'anni fa, in un paese di campagna – puoi immaginarti le reazioni e le chiacchiere.»

Servo il caffè e rimugino - c'è qualcosa che non mi torna. Maurizio non è più effeminato di altri uomini eterosessuali che conosco.

«Forse ero quello più facilmente attaccabile a causa della mia estrazione sociale, un corpo estraneo, in ogni caso. La mia famiglia non è mai stata completamente accettata, vuoi per le opinioni politiche fortemente e dichiaratamente orientate a sinistra, vuoi perché i miei erano contadini, vuoi perché mi avevano iscritto a una scuola d'élite, semi-privata, frequentata dai figli della media borghesia e io, un contadino, ero più bravo di loro, vuoi perché godevo di privilegi particolari che gli altri ragazzi non si sognavano neppure. Pensa, potevo disporre liberamente di un appartamento già a sedici anni! Questa e altre cose non andavano giù a parecchia gente, prete compreso. Ma io non ero così libero perché avevo dei genitori particolarmente moderni o all'avanguardia, tutt'altro. Erano e sono tradizionalisti. Lavoravano dalla mattina alla sera, non avevano tempo per occuparsi di me, reprimermi, ne pensavano occorresse farlo – ero comunque il maschio di famiglia. A mia sorella, che ha sei anni più di me, è andata decisamente peggio. Non poteva far niente se non l'accompagnavo io. Orari rigidi, nessuna autonomia, né voce in capitolo. Io a sedici anni potevo già dormire con chi mi pareva, anche ragazzi, nudi, abbracciati, lei ha dovuto sposarsi per poterlo fare. Che poi, a pensarci bene, non capisco la sorpresa di mia madre, ora, che a quarant'anni mi dichiaro. Forse a quel tempo ha lasciato correre perché ero giovane, forse perché aveva altro a cui pensare.»
«Forse ti ha dato una delega in bianco perché eri il figlio maschio e sicuramente avresti fatto quello che dovevi. È probabile che non se ne sia nemmeno accorta, o che non gli abbia dato alcun peso, semplicemente.»
«Sì, e perché adesso glielo dà?»
«Perché è adesso che hai preso una posizione netta e univoca, hai dichiarato pubblicamente uno status che mette in piazza te, la tua e la sua famiglia esponendovi al giudizio.»
«È arrivata a dirmi: "D'accordo, hai sfatto un matrimonio, ma almeno trovati un'amante donna!" - va bene tutto, ma finocchio proprio no.»

Yago ha sete – in via eccezionale ho il permesso di versargli mezzo bicchiere di Coca. È quieto, gioca instancabile con il suo marchingegno. Maurizio lo adora e Yago adora lui – starebbero sempre insieme, se potessero. Li guardo e penso che in giro non ci sono molti padri così presenti, capaci di tanto amore e autorevolezza.

«Dov'ero rimasto? Ah, la scuola… Ho subito molto l'impatto con l'educazione maschilista, con certi atteggiamenti maschili: la competizione, l'aggressività, gli scherzi anche pesanti, i giochi di squadra, la conta dei peli, la verifica della lunghezza del pene, erano tutte cose nelle quali non mi riconoscevo, che m'imbarazzavano – un imbarazzo che invece non provavo con le ragazze, con loro mi sentivo accolto, protetto. I compagni mi prendevano in giro per questo, e anche perché ero secchione. Gli adulti mi dicevano che non avevo grinta, carattere. Mi ci sono voluti molti anni prima di capire che si sbagliavano tutti, e molto. Il periodo dell'Università, nei primi anni Ottanta, è stato interessante perché era un misto tra la vita di paese (quella dell'infanzia, dei giochi), e la vita di città, da adulti. Ho convissuto con un ragazzo, stavamo insieme. Lì la situazione era a macchie di leopardo: in certe facoltà (architettura e lettere, ad esempio) l'omosessualità non era un problema, anzi, in altre (economia e commercio), era meglio tenersela per sé. Per quanto non ci fossimo dichiarati, alla fine l'aria si fece pesante: dovemmo cambiare appartamento e io addirittura facoltà. Poco dopo vinse una borsa di studio – non me la sentii di seguirlo, né potevo farlo economicamente, interruppi gli studi e le nostre strade si separarono.»

Yago si avvicina a Maurizio, gli parla in un orecchio. «Chiedilo a lei.»
So già cosa vuole, ormai è un'abitudine: «Vuoi un cioccolatino?»
E lui, timidamente: «Sì»
«Uno solo però.» Lo prende con gentilezza, lo scarta con calma. Un ometto che, spero, non si farà fregare, imparerà da suo padre ad avere rispetto per gli altri e per se stesso.

«Da quel momento mi sono messo a girare l'Europa. Ho fatto un sacco di esperienze e conosciuto tante persone. Tornavo a casa solo nei periodi più freddi e ogni volta mi sentivo sempre di più come in gabbia. Prima d'incontrare Karin, qui non riuscivo ad avere contatti umani di alcun tipo, lavoravo un po', aspettavo la primavera e ripartivo. Karin l'ho conosciuta al mare. Figlia di emigranti italiani in Germania. Era in vacanza. Mi piacque, moltissimo. Pensai: "Questa è l'ultima volta che tento con una donna, se va bene mi fermo, se va male, basta". Per me fu amore a prima vista. La corteggiavo, le promisi di raggiungerla in Germania – lei non ci credeva, pensava a un'avventura passeggera, con un italiano. Alla fine però la convinsi e da subito instaurammo un rapporto basato sulla fiducia e sulla sincerità. Ero consapevole della mia omosessualità, ma non mi accettavo del tutto. Quasi scusandomi le dissi di me. Non fu un problema. In Germania sono molto più aperti di noi, non c'è questa separazione netta fra gay ed eterosessuali. Ci sposammo. Quindici anni insieme, crescendo insieme, facendo ogni cosa insieme: esperienze, progetti, tutto.

Ci piaceva pensarci ed essere diversi, una coppia originale, fuori dagli schemi, come in Italia era difficile incontrare - ci faceva sentire migliori, capaci di superare qualsiasi cosa, ma non ci semplificò la vita. Abbiamo avuto due figli, voluti entrambi, Yago e Michele, il più grande. Quando è nato (un parto veramente difficile, Michele e Karin hanno rischiato la vita e poi sono stati male per lungo tempo), i medici non volevano parlare con noi. Lei aveva le unghie laccate di nero, io capelli dritti, tinti di verde – come genitori, secondo il loro insindacabile giudizio, eravamo del tutto inattendibili, inaffidabili. Parlavano con i nostri familiari, ma non con noi. Abbiamo subito ogni sorta di abuso e arbitrio, alla fine li ho denunciati per incompetenza e, contro la loro volontà, mi sono portato a casa moglie e figlio. Tutto si è risolto per il meglio, certo, ma sono ancora adesso arrabbiato.»

Lo è davvero e non è una questione di orgoglio ferito. Quando si tratta di diritti, affetti e salute, certa gente andrebbe lobotomizzata.

«Insomma, qualsiasi cosa pensassero gli altri, ormai ero padre di famiglia. Lavorai sodo, riuscii a specializzarmi e quasi contemporaneamente alla nascita di Yago entrai a lavorare come designer di giardini per una coppia facoltosa - omosessuale. Dopo tanto tempo, e forse per la prima volta, mi resi conto che si poteva essere gay senza vergogna, senza difficoltà, normalmente, in due. E mi ricordai chi ero stato, ricordai chi ero. Cominciai a star male – fisicamente. Prostatiti a trentasei anni, roba strana, valori sballati, mal di testa che duravano per mesi - i medici non ci capivano nulla e come facevano? Somatizzavo, senza averne coscienza. Andai in analisi. In un anno e mezzo non ho mai potuto parlare di omosessualità – il medico non voleva. Dopo il nome, la seconda cosa che gli dissi fu: "sono omosessuale". Se mi avesse lasciato fare non avrei parlato d'altro e allora, forse, non avremmo concluso nulla. Quando capii che mi stavo annullando e che se avessi continuato sarei morto, cercai un compromesso, cominciai a tradire Karin. Male, naturalmente. In modo confuso, compulsivo, autolesionista. Rapporti occasionali, saune, pinete. Solo sesso, nessun rapporto umano – d'altronde, in quei luoghi, in quel modo, che rapporti umani si possono pretendere!»

Ridiamo. Le battutacce si sprecano. *Cagnite acuta*, lui lo chiama così il sesso selvaggio, senza capo né coda, quello fatto ovunque, comunque e quasi con chiunque. Gli uomini, gay in particolare, lo apprezzano e lo praticano molto. È pressappoco uno sport, per alcuni un chiodo fisso, il primo e unico pensiero.

«Karin era all'oscuro di tutto. Avevo paura di perdere la mia famiglia, il suo amore, le mie sicurezze, avevo paura di fare un salto nel buio, avevo paura di me stesso, mi sentivo una schifezza. Poi ho incontrato Gil, poco più di un ragazzo, e mi sono innamorato dell'amore che aveva per me, dell'amore che avrei potuto dargli. Carino, dolce, gentile, pulito – e mi sono sentito finalmente in pace. Sì, potevo innamorarmi di un uomo. Era possibile, poteva accadere da un momento all'altro, volevo accadesse – a quel punto ho dovuto parlarne con lei, non potevo più continuare a mentire, fingere. Karin avrebbe potuto lasciarmi prima, ma mi amava, anche lei aveva paura di perdermi, perdere tutto. Entrambi abbiamo messo la testa sotto la sabbia, per tanto, troppo tempo. Solo che io un percorso autonomo lo avevo affrontato, bene o male mi ero reso indipendente, ero pronto – lei no. Fu quasi un fulmine a ciel sereno. Al culmine dell'euforia, mi prese quella che io chiamo la *sindrome del Mulino Bianco*: visto che io volevo diventarlo, tutti dovevano essere soddisfatti, felici e contenti, per se stessi e per me. Le proposi di rimanere amici, di continuare a vivere e allevare i figli insieme, di trovarsi un compagno così come me lo sarei trovato io, ma, ovviamente, queste cose non funzionano quando uno dei due è ancora innamorato, ha tanto investito sull'altro e ci crede, ancora. È stato ed è difficile, per entrambi.»

Sì, Karin non l'ha proprio digerita. Malgrado l'apertura mentale, ha difficoltà a uscire dagli stereotipi, dai preconcetti, si sente perciò in diritto, come fa quasi ogni donna abbandonata dal coniuge, di imbastire contro di lui le più abusate cautele legali e strategie psicologiche. Maurizio ne è profondamente ferito: non farebbe mai nulla contro sua moglie e i figli, non ha nessuna intenzione di mancare ai suoi doveri e poi non ha mai avuto una mentalità maschilista – tanta aggressività, diffidenza e malafede gli causa offesa, dolore e rabbia.

«Da quel momento è cominciata la mia lotta personale per farmi accettare come gay e come persona che non può più vivere nell'ipocrisia: da lei, dalle nostre famiglie, dai nostri amici comuni, dalla società e anche da una buona parte dei miei amici omosessuali che sono pieni di pregiudizi, che sono omofobi senza saperlo. Gli unici con i quali non ho avuto alcun tipo di problema, sono i miei datori di lavoro e i miei figli. Senza dubbio ho agito e agisco maldestramente, ma i giudizi sono impietosi, non mi si perdona quasi nulla. Mi sono represso così a lungo, che ora non voglio più fingere di essere una persona diversa da quella che sono, non voglio più nascondermi dietro a una facciata di normalità che non esisteva prima e non esiste adesso.»

Pausa toilette. Quando torna mi dice che le donne hanno avuto molta importanza nella sua vita, anche per capire le piccolezze.

«Vedi, quando vado in bagno, non ho bisogno di alzare la tavola perché, se posso, mi metto a sedere. È stata Karin che mi ha insegnato ad avere rispetto delle persone con le quali convivo. Ti garantisco che la mia virilità non ne è minimamente svilita, non mi costa nulla comportarmi da persona civile.»

Ride. Io no: «Ti garantisco che una donna lo apprezza tantissimo. Sapessi quant'è raro trovare un uomo che mette in discussione i suoi sentimenti, i suoi privilegi, che rinuncia a esercitare il suo potere e la sua autorità anche attraverso le piccole cose che sono solo apparentemente insignificanti – pisciare fuori dal vaso è una di queste. Certo, hai incontrato una persona speciale che ti ha aiutato, ma se tu non avessi una sensibilità particolare, una disponibilità a non indugiare sul tuo piedistallo difendendolo con le unghie e con i denti...»

Maurizio mi ringrazia, quasi stupito. Strano, per un egocentrico come lui.

Yago reclama attenzione. Maurizio gli porge un astuccio e dei fogli bianchi. Giochiamo un po' insieme – gli chiediamo di disegnarci qualcosa di speciale e quando finalmente ha trovato l'ispirazione, ricominciamo. Coming-out.

«Gli ultimi a cui l'ho detto sono stati i miei genitori. Ma a onor del vero non avevo intenzione di arrivare a tanto. Sono persone anziane, con la quinta elementare, una separazione mi sembrava sufficiente. Poi ho pensato che tutti lo sapevano, quindi era meglio che glielo dicessi io prima che lo facesse qualcun altro. Inoltre, avevano già iniziato a scaricare tutte le responsabilità del fallimento del mio matrimonio su Karin, e questo non mi andava proprio anche perché non era vero. "Lei non c'entra nulla" – ho detto a muso duro – "È colpa mia perché sono finocchio, mi piacciono gli uomini". Mia madre ha fatto una faccia che non so descrivere, pensavo che svenisse, poi mi ha chiesto se i figli erano miei - di fronte a Karin. La mattina dopo mi ha aspettato fuori casa e mi ha detto: "Mi spiace di averti creato male, sbagliato". Quindi ha continuato a farlo, ogni mattina, dicendomi ogni volta qualcosa di diverso, a pizzichi: "Ma sei sicuro?", "Non è che tutte le medicine che hai preso in passato ti hanno fatto male?" – alla fine l'ho portata dal nostro medico in modo che gli spiegasse che cos'è l'omosessualità e lui ha fatto scena muta! Così, siccome il silenzio equivale a un assenso, mi fa: "Lo vedi che c'ho ragione io? È una malattia!" Allora un amico mi ha prestato il libro "Figli diversi", e anche se con fatica, la sto aiutando a leggerlo.»
«E tuo padre?»
«Gliel'ha tirato dietro!»

Immagino la scena – irresistibile.

«All'inizio, io e mia mamma avevamo concordato di non dirgli nulla, ma poi, visto che adora tramare alle spalle, ha spifferato tutto. Abbiamo fatto una chiacchierata piuttosto tranquilla durante la quale, con mia grande sorpresa perché non è certamente un uomo ragionevole, ho avuto la sensazione che non ci fossero grossi problemi: mi ha solo chiesto di non portare i miei compagni a casa perché preferiva non vederli. Richiesta comprensibile, se vuoi. Poi, dopo qualche giorno, gli è girata la luna: mi ha spaccato la macchina, parole grosse, sputi, spintoni, voleva buttarmi fuori di casa e mia madre lì, che lo aizzava: "Vigliacco, hai rovinato una famiglia per un culo!" Ho dovuto chiamare il 113, ho consultato un avvocato e li ho diffidati. Era l'unico modo per fargli capire che io a certi giochi non ci sto, con me non attaccano né i ricatti, né le minacce. Non ci siamo parlati per mesi, ora fanno più o meno finta di nulla, mi danno una mano a ristrutturare una stanza accanto a casa mia, sopra la loro, perché, comunque, con la mia famiglia non posso stare. Voglio avere la possibilità di ospitare il mio ragazzo, i miei amici, e voglio che per Karin sia lo stesso, senza imbarazzi e sovrapposizioni. Ma nemmeno voglio abbandonare i miei figli, voglio stargli vicino, essere presente. Per quanto complicata e non realizzabile a breve, andare a vivere accanto a loro mi sembra la soluzione migliore.»

E la reazione all'esterno della famiglia? Brutta. Due episodi, in particolare, danno un metro di valutazione significativo e allarmante.

«Per mesi ho cercato inutilmente una stanza in affitto dove trascorrere i fine settimana con Bruno, il mio ragazzo. Ho telefonato a tutti gli inserzionisti che offrivano una camera, ho girato tutte le agenzie immobiliari di Lucca e dintorni specificando, ogni volta, che ero gay e il motivo della mia richiesta – d'altronde, se si va in affitto in casa d'altri, mica si può tacere una cosa come questa, no!? Beh, le stanze che sino a un attimo prima erano libere, improvvisamente si smaterializzavano, sono stato ignorato e anche insultato pesantemente, una ragazza ha addirittura detto che doveva convocare l'assemblea di condominio per chiederne il parere, solo una persona mi ha fatto addirittura lo sconto, era gay - ma non ho potuto approfittarne perché il prezzo della stanza era veramente fuori dalla nostra portata. Ad oggi ci arrangiamo: B&B, ospitalità presso amici, quello che capita, insomma, ma non è facile, è stancante, destabilizzante, dispendioso e poi non posso portare con me mio figlio, se invece avessimo un posto nostro sarebbe bellissimo. L'altro episodio al quale ti riferisci è accaduto in un bar vicino a casa, dove vado spesso - se ci penso mi tremano ancora le gambe. Stavo facendo colazione e leggevo il giornale, un bell'articolone sul PACS, a caratteri cubitali. Un tizio, da dietro, comincia a inveire contro i gay: "Froci maledetti, li metterei tutti al muro!" e gli altri avventori, compresa la barista, dietro, a ruota libera. Insulti, improperi, anche contro le lesbiche, alla fine non ce l'ho fatta più e sono sbottato: "Io sono gay ma non mi sono mai sognato di augurare la morte a qualcuno!". Tempo un secondo, il tipo che urlava mi è addosso, caschiamo in terra, riesco a immobilizzarlo, mi giro verso gli altri e dico: "Fate qualcosa, non lo vedete che se lo lascio mi fa del male?" – sono tutti pietrificati, a bocca aperta, mi guardano come fossi un marziano, ma nessuno muove un dito. Avrebbe potuto ammazzarmi e nessuno avrebbe fatto nulla per impedirglielo.»

Sfonda una porta aperta, con me. So bene cos'è la paura, lo smarrimento che ti prende quando ti rendi conto di essere solo come un cane, carne da macello.

Lo ammiro. È un uomo coraggioso, degno della mia stima - per quello che conta.

Finito. Yago comincia a dare segni d'insofferenza, vuole andare a casa, è stanco.
«Su, metti le matite nell'astuccio e andiamo.» Non ha voglia. «Le matite sono tue, quindi se vuoi andare a casa devi metterle a posto.»
Cede. Mi mostra un foglio sul quale ha tracciato una serie di linee inestricabili.
«Cos'è?» - gli chiedo.
«Una farfalla.»
Ovvio, com'ho fatto a non capirlo da sola.

23

NÉ CAPO, NÉ CODA

1° Marzo 2005

Con Gianni fisso un appuntamento in piena emergenza climatica. Sebbene i chilometri non siano tanti, il viaggio è lungo e disagevole: treni terzomondisti senza riscaldamento, sudiciume ovunque, cattivi odori, bagni che a entrarci s'attorcigliano le budella – questa la gogna che devono subire i pendolari e chi non può permettersi alternative. In ritardo, ma finalmente arrivo. Pioggia mista a neve. Mi stringo nel cappotto e guadagno l'uscita. Subito fuori mi viene incontro un uomo di età indefinibile, giacca a vento, jeans, un berretto di lana che quasi gli copre gli occhi, verdi e vispi. Ci presentiamo e lui, con piglio gentile ma non affettato, mi ricopre di complimenti – peccato, non scaldano. Lamento un certo appetito e lui prontamente si associa. Chiediamo a un tassista se c'è una trattoria nei paraggi e poco dopo siamo già seduti davanti a una bottiglia di vino.

Gianni ha una piccola impresa, non se la passa male ma da qualche anno il suo tenore di vita non è più lo stesso: «Ha un bel dire il signor Berlusconi che siamo più ricchi! Da quando c'è lui al governo i soldi hanno messo le gambe – camminano dal nostro portafoglio al suo!» - rido - «Non fraintendermi, politicamente non la penso come te.» - ah, e come la penso? - «Sono di destra,» - bene, sentiamo - «ma sono tante le cose che non mi vanno, a partire dalle posizioni paracule di Gianfranco. Meglio lui, però, che tanti altri, e poi tira un'aria di alleanze, coperture e finanziamenti incrociati che non mi piace: davanti moderati, europei, dietro, però... è la stessa zuppa, anzi, peggio, perché se scendi a patti con le organizzazioni neofasciste che ci sono in giro adesso, sai come cominci ma non sai come vai a finire.» Lo sanno, lo sanno, e poi non sono nemmeno nuove, tutta roba vecchia, riciclata. Gli chiedo come fa a conciliare la sua omosessualità con le politiche discriminatorie di questo governo: «Eh, talvolta me lo chiedo anch'io, ma sai, non sono proprio omosessuale - io, se proprio dovessi definirmi, direi al massimo bisex. Comunque penso che sia tutta propaganda, d'altronde se si vuol stare al governo non si possono dispiacere i poteri forti che stanno dietro alla politica e all'economia, su alcuni argomenti bisogna far buon viso, bisogna accettare qualche compromesso.»

«Alla faccia dei compromessi!» - sbotto - «Li leggi i giornali? Coppie di fatto, procreazione assistita, libertà di licenziamento per le persone LGBT* che fanno certi mestieri, gli atti di violenza e intimidazione sempre più frequenti e impuniti.»

«Ok, te l'ho detto che non sono contento. Ma pensi che la sinistra farebbe meglio, andrebbe contro la chiesa e l'elettorato cattolico a rischio di inimicarseli, qui, in Italia?! Sin tanto che è all'opposizione qualche libertà se la può prendere, ma poi quando arriva il momento di fare sul serio...» - effettivamente - «Comunque su alcune cose sono anche d'accordo» - ah, e su cosa? - «I figli, ad esempio, la famiglia, i ruoli.» - ecco, lo sapevo - «Non vorrai mica convincermi che una coppia omosessuale è uguale a una coppia eterosessuale, che per un bambino avere due papà o due mamme sarebbe una cosa normale?»

«Beh, sin tanto che ci ostineremo a pensare che non lo sia...»

«Non lo è. Un bambino ha bisogno di modelli di riferimento maschili e femminili — non lo dico io, è provato scientificamente.»

«Beh, se è per questo, all'inizio del secolo scorso era anche scientificamente provato che tutte le razze erano inferiori tranne quella ariana. Non esiste una casistica di bambini che, allevati da coppie omosessuali, abbiano manifestato disturbi o disagi particolari, che, diventati adulti, abbiano avuto una vita emotiva, sessuale e sociale disordinata o siano diventati omosessuali. L'omosessualità non è una suggestione o una malattia contagiosa che si trasmette per via parentale o aerea. L'omosessualità è una condizione umana.»

«D'accordo, ma non è detto nemmeno il contrario e nell'incertezza, secondo me, è meglio lasciare le cose come stanno visto che sino a ora hanno funzionato benissimo. Se il problema è la natalità, beh, con tutti gli extracomunitari e i terroni che ci sono...»

Questa poi, sono furibonda. Faccio davvero fatica a starmene seduta, a non andarmene. D'altronde, mi dico, c'è tanta gente che ragiona come lui, non sono qui per giudicare, ma... Uno, due, tre - il peggio è passato, ce la posso fare. Sì, ha ragione Gianni: alcune persone non sono normali — sono fra queste.

Arriva il cameriere. Ne approfitto per cambiare discorso, riprendere fiato. Chiedo a Gianni di raccontarmi la sua storia, parlarmi della sua *bisessualità*, come la vive.

«Come molti altri, credo. Sto con i miei e lavoro tantissimo. Ogni tanto, quando ho davvero bisogno di scaricarmi, cerco compagnia... capisci che intendo... Navigo parecchio in internet, è interessante, ma non frequento locali particolari, non mi piacciono e non mi piace la gente che ci va. Non mi piacciono nemmeno le donne che scimmiottano gli uomini e le checche - lì sono quasi tutti in quel modo, maschiacce o effeminati. Mi sembrano comportamenti forzati, innaturali, l'ostentazione mi disturba. Gli uomini come li intendo io sono uomini veri, non passano le giornate davanti allo specchio a rifarsi le sopracciglia o a guardarsi i muscoli - che poi quando aprono bocca... Sono stato fidanzato parecchi anni con una ragazza, dovevamo sposarci – quando ha scoperto che mi vedevo con un ragazzo abbiamo litigato. Con lui nulla di serio, beninteso, solo sesso (l'amore non m'interessa), ma lei non l'ha mandata giù e ci siamo lasciati. Da allora sto molto più attento. Io la voglio una famiglia, voglio dei figli, però non mi va di rinunciare alle mie abitudini, ma è difficile farlo capire, non ci provo nemmeno. Non lo sa quasi nessuno, ci mancherebbe – e poi non è l'aspetto dominante di me. Non mi condiziona la vita. Ho cominciato presto a lavorare nella ditta di mio padre - non ho avuto né il tempo né le occasioni per fare molto più di questo. A parte gli amici con i quali da ragazzo ho fatto un po' di politica e qualche casino, non frequento quasi nessuno. Con gli anni fortunatamente mi sono calmato, sono maturato.»

Dolcetto. Caffè. Mi rimane giusto una mezzora prima della partenza del prossimo treno. Offre lui. Ci affrettiamo. Mi accompagna sino al binario. Scherza. Fa il simpatico. Poi, all'improvviso: «Sei una persona in gamba, Cinzia. Mi piacerebbe rivederti e in altre circostanze te lo chiederei, ma forse non è il caso. Scrivi quello che vuoi, non m'importa. Non me ne frega niente dell'omosessualità, lo avrai capito da sola. Ti ho voluto incontrare solo perché ci tenevo a dirti di persona che a destra non siamo tutti uguali. Capisci?»

Certo, Gianni, tranquillo.

24

VUOTI A PERDERE

13 Aprile 2005

Quello che state per leggere, qualunque sia il punto di vista e il grado di conoscenza della condizione umana che tenta di raccontare, è un pugno nello stomaco. Non piacerà a chi ha l'illusione di vivere nel paese dei balocchi, non piacerà alla diretta interessata, non piacerà a chi ha precise colpe e responsabilità, non piacerà neppure a chi crede di non averne e si pensa dalla parte dei giusti, non piace a me che proprio non so dove e come collocarmi.

Non è un racconto agiografico, non edulcoro, spettacolarizzo - non serve a niente farlo quando si vuol andare a fondo nelle ragioni della mente, del cuore. Non faccio giornalismo e nemmeno letteratura. Forse, come mai prima, ho solo tentato di mettere insieme i pezzi (i cocci) di un incontro, della reazione emotiva e intellettuale che ne è seguita e, soprattutto, dell'enorme significato di un'esistenza tanto diversa dalla mia, ma pure tanto simile – perché, prima di considerarmi una donna accidentalmente lesbica, io mi ritengo un essere umano misterioso e interessante, e guardo agli altri attribuendo loro queste stesse caratteristiche, con lo stesso stupore, con la stessa attenzione e, se riesco, con lo stesso rispetto, perfino quando non mi piacciano, non li condivido o tentano di farmi a pezzi.

La vita è sacra, l'esperienza umana lo è – preziosa e degna, sempre, fonte inesauribile d'infinita ricchezza e povertà. Simile, dicevo, anche per le conseguenze prodotte dall'isolamento, dal disconoscimento del valore intrinseco e profondissimo che sempre più raramente attribuiamo alle persone (viventi), dal disprezzo (non dissimile dall'indifferenza perché produce gli stessi effetti) che abbiamo imparato a esprimere in modi sempre più raffinati nei confronti di chi non ci corrisponde, di chi, spesso solo esistendo, contraddice le nostre fragili sicurezze, convinzioni. Un gigantesco, largamente condiviso scaricabarile, se non una vera e propria caccia all'altro - ed ecco spuntano nuovi mostri, nuove minoranze sulle quali possiamo stabilmente passeggiare, riaffermarci e prosperare.

Eterosessualità, bisessualità, omosessualità, transessualità, transgenderismo: definizioni che da sole non bastano a contenere e spiegare l'evidenza, come se occorresse farlo. Quanto ci piace perdere tempo intorno ai falsi problemi.

Al momento della nascita, due sono le cose che ci contraddistinguono e segnano per tutta la vita: il colore della pelle e il genere sessuale. In questo mondo dominato dagli opulenti e ricchi bianchi occidentali per gli opulenti e ricchi bianchi occidentali, dai maschi per i maschi, nascere di un colore diverso e/o senza gli opportuni attributi, condanna inesorabilmente alla subalternità. Tutto è deciso – a nessuno viene in mente di chiedersi chi ci sia in quel fagottino di carne e ossa, se il ruolo al quale lo abbiamo destinato possa corrispondergli, soddisfarlo. Tutto è stabilito. Crederà nell'unico Dio possibile: il nostro. Studierà ed eccellerà nelle professioni consone al suo status sociale e biologico, ruberà, ingannerà e disprezzerà come si deve, potrà anche non sposarsi, non avere figli, l'importante è che produca, consumi e muoia senza dar fastidio, discutere. Ma là dentro succedono cose strane, là dentro ci sono PERSONE e, a guardar bene, raramente il corpo che le porterà a spasso sarà adatto a loro e ancor più raramente lo sarà il ruolo che gli abbiamo assegnato o riusciranno a conquistarsi.

Il sesso biologico e il gruppo etnico (con ciò sottintendendo anche lo status sociale e culturale che ne discende), sono dunque i due elementi distintivi fondanti che condizionano e spesso devastano l'esistenza di ogni individuo, sui quali si reggono i sistemi sociali che maggiormente producono disparità trasformando i diritti in privilegi - è appunto questa la cancrena contro la quale abbiamo il dovere di batterci, questi sono gli unici, veri nemici che abbiamo. Tutto il resto è funzionale, strumentale.

Potremo pregiarci di appartenere al genere umano solo il giorno in cui avremo finalmente imparato a difendere e rispettare l'autodeterminazione, l'individualità, le differenti soggettività – quando non ci parrà più così minaccioso e insano che qualcuno non pensi e non sia come noi, come noi vorremmo che fosse. Il giorno che la smetteremo di porre delle restrizioni, correggere quello che non ci piace o serve negli altri, potremo finalmente dirci liberi, giusti ed evoluti. Sino ad allora faremmo meglio a ridimensionare l'opinione che abbiamo di noi stessi.

PROLOGO

Seppi dell'esistenza di Elisa verso la fine degli anni Novanta.

Eravamo entrambe iscritte a un forum dal quale fu estromessa di punto in bianco quando qualche bell'esemplare di pura razza femminea fece presente che era nata biologicamente maschio, per giunta non ancora operata. Nonostante le numerose e ben argomentate proteste, il verdetto fu che per quanti sforzi facesse, fisicamente e culturalmente, Elisa non era e non sarebbe mai stata una donna vera, autentica, di sana e robusta costituzione femminile. Quello era un forum a focus lesbico riservato a donne biologiche, non necessariamente lesbiche (purché non se ne vantassero), il resto – tutto il resto – non contava assolutamente nulla, lì, nel virtuale, come nella vita reale, presumo. Non contava come lei si vedesse, sentisse, non contava il prezzo che aveva pagato e stava pagando, le battaglie che stava combattendo per sé e per loro, per noi, non contava il contributo ideale e dialettico, la ricchezza del pensiero e dell'esperienza, non contava che avesse iniziato la transizione – nulla poté modificare la sentenza e fu semplicemente messa alla porta.

Non mi ero mai confrontata con la transessualità, semplicemente perché non mi ero mai posta il problema. Per me è importante la qualità intrinseca delle persone, la consistenza dei valori che esprimono e perseguono, non la presenza o l'assenza di certi attributi, l'ascendenza genetica, culturale, sociale, il genere, le preferenze sessuali o l'orientamento affettivo. Pur non essendone immune, di fronte all'ottusità, ai preconcetti, ai giudizi sommari e alle indebite condanne, avevo e ho una sola reazione: incapacità di opportunismo – così, nel suo caso come in quello di un'altra trans lesbica che entrò nel forum più o meno nello stesso periodo, non mi feci alcuna domanda e portai avanti il mio personale ammutinamento senza preoccuparmi delle conseguenze. Alla fine divenni persona scarsamente gradita e me ne andai anch'io. Non potevo sentirmi a mio agio in un luogo simile. Avevo più cose in comune con un calamaro che con tutte quelle donne che disconoscendole e umiliandole pensavano di difendersi (liberarsi) da quello che loro ritenevano essere l'invasore, l'ennesimo usurpatore. Dissertazioni da bar sport separatista, da troglodite. Così poca conoscenza e stima hanno di sé certe donne, ancora, se temono tanto il confronto – se avvertono come una minaccia alla loro evidentemente incerta identità, le differenti soggettività. La mia intelligenza, il mio buon senso, tutto il mio essere ne fu offeso e ne trassi le conseguenze. Eroica e vana, come sempre.

Chissà se Elisa immaginava, allora, che nemmeno il riconoscimento anagrafico le avrebbe migliorato la vita, che le cose, progressivamente, sarebbero addirittura peggiorate.

Di certo io non potevo immaginare che sei anni dopo, a transizione avvenuta, ci saremmo incontrate sulle macerie fumanti delle nostre esistenze.

SOTTO LA CENERE

Anni Sessanta. Nord Italia. Elisa non fu né voluta, né successivamente amata, almeno non sin tanto che, completamente sola, senza alcun riferimento, guida, conforto, da donna che ama perdutamente le donne in un corpo maschile sano e ben formato, combatteva la sua battaglia interiore per capire chi o cosa fosse.

Un conflitto e uno smarrimento onnicomprensivo, inimmaginabile per chi non ha mai avuto dubbi su se stesso e il mondo, sul proprio orientamento sentimentale, la propria identità di genere, il proprio ruolo sociale – per chi, quindi, non può nemmeno lontanamente immaginare che vi possano essere alternative al pensiero unico etero e omosessista.

Cresce, Elisa – adeguandosi, compiacendo per conquistare un briciolo di affetto e attenzione, un minimo di riconoscimento. È mite, ubbidiente, studiosa con profitto. Problemi di salute la obbligano a praticare alcuni sport e quando corre, nuota, il suo corpo smette d'essere stridente e pesante, quasi le sembra di non averlo e in quegli attimi quasi è felice, una farfalla dai mille colori, o una razza solitaria, austera, che plana e volteggia, senza pena, padroni, rivali. Le piace sentirsi così, e sin tanto che fende l'aria e l'acqua, non pensa, non è – o è aria, acqua, senza bisogni, necessità. Ma poi, negli spogliatoi, ricomincia l'inferno: fingere una virilità che non le appartiene, nella quale non si riconosce, che detesta sino alla nausea, al vomito, e fingere ancora, sempre, ogni istante - a scuola, in famiglia, più tardi sul lavoro quando è costretta a interrompere gli studi per dare una mano in casa mentre le sorelle possono continuarli. È dura la vita per Elisa, iniqua, insostenibile - e lo è ancora di più quando le donne che ama cercano in lei ciò che non è.

«Tutto era difficile, insopportabile. Facevo l'amore con il terrore del momento in cui non avrei più potuto negarmi, era umiliante, terribile. Mi mettevo lì, paralizzata, lasciavo fare e speravo che finisse presto, non provavo nulla, solo vergogna, imbarazzo, schifo di me. Ho avuto un figlio così» - ma quella creatura, amata sopra ogni cosa, è forse l'unica che un giorno, forse (spero), l'amerà incondizionatamente, alla quale Elisa perdonerà, forse (spero), le consonanti sbagliate in fondo alle parole.

Quanta violenza - talvolta esercitata, soprattutto subita.

Controllare il tono della voce, assumere atteggiamenti mascolini, adeguati al proprio genere biologico. Ma Elisa è dentro, da sempre, spinge, urla, vuole uscire, vivere, essere finalmente se stessa, alla luce del sole, in pienezza. Carlo non ce la fa a contenerla, non ce la fa più. Piange, si dispera e mente, mente. Per evitare il confronto sceglie un lavoro che la porta lontano da casa: da sola, sempre in viaggio per poter pensare, per cercare di capire, trovare un appiglio dentro di sé, una risposta che fuori non trova, non troverà mai. Lontana - in modo che la sua compagna possa prendersi altrove quello che lei non può, non sa, non vuole darle.

Elisa è quasi pronta e quando apparirà più nulla sarà come prima, più nessuno sarà disposto a rivolgerle la parola, più nessuno sarà disposto ad aspettare, capire, aiutare, perdonare. Il tradimento di Carlo sarà totale, la sua silenziosa, solitaria, non voluta ma insopprimibile, improcrastinabile rivolta, non potrà più essere nascosta, camuffata. Sì, Elisa sarà se stessa: donna e lesbica − e gli uomini si prenderanno gioco di lei o la vesseranno senza pietà, le donne non potranno più desiderarla, le lesbiche, che spesso l'hanno usata per togliersi lo sfizio, la cacceranno fuori dal letto e, purtroppo, non solo da quello. In definitiva, nel migliore dei casi, Elisa si metterà in rotta di collisione con il mondo intero, contro le sue leggi scritte e non scritte, i suoi arbitri e condizionamenti, la sua incapacità di ascolto, accoglienza. Lentamente non avrà più alcun diritto, andrà a occupare il gradino più basso della scala sociale, diverrà uno zerbino - condominiale.

PAROLE DI GRANITO

Il primo passo consiste nel dare un nome, nel nominare, nominarsi.

«È una donna» - e il cervello, il proprio e quello degli altri, si annoda, aggroviglia, rimane impigliato alla voce, l'occhio indugia sulla barba che il fard non riesce a nascondere, indaga il cavallo dei pantaloni.

Occorre aggiustare il tiro: «È nata nel corpo sbagliato» - un po' meglio, ma siamo ancora distanti.

Problemi mentali, disturbi della personalità, instabilità affettiva, disordine emotivo? (Che bello) Ermafroditismo? Piccolezza insolita e imbarazzante del pene, impotenza, mancanza di un testicolo, niente spermatozoi, ormoni sballati? Ah, ecco: omosessualità!
«Allora è gay.»
«No, le piacciono le donne − è lesbica.»
Cortocircuito. I neuroni finiscono gambe all'aria.
«Che culo, non deve neanche cambiar sesso.»
«È una donna intrappolata in un corpo che non le appartiene e non riconosce come proprio. Gli uomini non le interessano, ama le donne, non vuole rimanere, essere o diventare quello che non è mai stata e non sarà mai.»
«Il massimo della depravazione.»

Dialogo fra sordi, perché non s'insegna ad ascoltare, perché qualcuno ha deciso che certa robaccia non esiste, non deve esistere e se esiste (cosa da dimostrare) non bisogna parlarne.

In questo mondo dove tutto deve essere precisato, circoscritto per poter essere riconoscibile, controllabile, un nome, in effetti, non c'è. Il potere evocativo di certe definizioni concettualmente, politicamente e culturalmente destabilizzanti, è ancora distante dall'essere condiviso, compreso, assimilato. Le definizioni in uso non corrispondono mai del tutto (e come potrebbero?), sono una gabbia, divengono una galera. Elisa non sarà mai una donna che ama le donne (meglio, una persona che, come ogni altra, ama), Elisa sarà *soltanto* una transessuale lesbica, un maschio che ha rinunciato scientemente ai propri privilegi e alla propria superiorità per divenire altro: un surrogato - feccia, o molto meno. Mal voluto...

Ma lei non lo sa ancora. L'unica cosa che desidera è liberarsi di quello che è stata – finalmente realizzarsi. Ci mette quarant'anni, da sola, a capire che non è l'unica a vivere un dramma interiore di questa portata, che non è sbagliata lei, è il suo corpo a esserlo, che la colpa non è di nessuno – è andata così, semplicemente. Non fosse per la sofferenza e i danni subiti, ci sarebbe da ridere.

«C'è stato un errore», ma il corpo non è un pacco che si può rispedire al mittente. La strada è lunga, tortuosa, piena d'insidie, oneri, pegni e balzelli che non smetterà mai di pagare.

È vero, non è colpa di nessuno se Elisa è nata in un corpo che non le somiglia, ma della sofferenza che ne è seguita, degli anni buttati via vivendo una vita non sua, privando gli altri della sé più autentica, migliore, delle conseguenze fisiche e psicologiche di questa gogna infinita, senza pietà, discrezione, siamo tutti responsabili.

TRANSIZIONE

La chirurgia, oggi, fa miracoli, ma ci sono cose che non potranno essere cambiate, non del tutto e non a basso costo.

C'è differenza fra transgenderismo FtoM (da femmina a maschio) e MtoF (da maschio a femmina).

Nel primo caso, a parte alcuni trascurabili dettagli (ad esempio l'altezza, solitamente parecchio inferiore alla media maschile), i risultati (ottenibili in tempi lunghi e molte, invasive operazioni - mastectomia, isterectomia, falloplastica o metoidioplastica) sono spesso straordinari: a transizione completata quasi non si nota il genere biologico di provenienza, inoltre, l'essere entrati a far parte della popolazione maschile pone già di per sé su un gradino più alto, al riparo da molte avversità e chiacchiericci postumi – il reinserimento sociale e lavorativo non è quindi così complicato e far perdere le tracce della sé precedente, tutto sommato, può non essere difficile.

Nel secondo, sebbene i tempi di completamento della transizione siano di gran lunga inferiori e l'operazione chirurgica (penectomia e contestuale vaginoplastica) sia relativamente semplice, il risultato finale è spesso insoddisfacente sul piano estetico. Nonostante l'assunzione di estrogeni e antiandrogeni, la barba e i peli continuano a crescere, il rigonfiamento delle ghiandole mammarie è modesto, i tratti somatici non si *ammorbidiscono*, il tono della voce resta piuttosto basso. Inoltre, dato che la struttura ossea non può essere modificata, certe caratteristiche permangono (l'altezza solitamente parecchio superiore alla media femminile, la grandezza delle spalle, forma e dimensioni delle mani, ecc.) rendendo difficile la normalizzazione. Le tracce del sé pregresso, quindi, accompagneranno ovunque, spesso precedendo. Occorrono ingenti risorse economiche per *correggere* il possibile (naso, zigomi, labbra, orecchie, seno, fianchi, glutei e quant'altro), per poter affrontare le lunghe degenze ospedaliere in istituti pubblici e privati, le altrettanto lunghe convalescenze, i postumi, le interminabili sedute per combattere la ricrescita dei peli, magari cambiare città, contesto sociale e lavorativo - risorse delle quali pochi dispongono.

Elisa, ci mette quarant'anni per decidere di fare il grande passo, per riuscire a immaginarsi accanto a una donna, senza vergogna, alla pari. Quarant'anni per capire che può far qualcosa, seppur limitatamente. Non ha i soldi necessari per comprarsi un corpo e una vita completamente nuovi, *invisibili*, e d'altronde non vuole diventare *altro*, vuole solo essere se stessa.

Comincia timidamente. È un po' come muovere i primi passi, articolare le prime parole. A poco a poco abbandona gli abiti maschili. Passa ore davanti allo specchio, impara a truccarsi, a radersi più a fondo, indossa scarpe col tacco e si scopre capace di tenere l'equilibrio, addirittura capace di camminare spedita e sicura, si sente elegante, può finalmente muoversi con leggerezza e le è tutto così familiare, congeniale - naturale.

Scendere in strada, fare la spesa, parlare con la gente – il cuore che batte, batte e forse scoppierà, più per l'emozione, la gioia, che per la paura. E poi non riuscire a sfuggire gli sguardi, capire che per quanti sforzi si compiano le teste girano, i bulbi oculari roteano, il brusio si fa insistente, minaccioso, le gomitate si sprecano e pure gli apprezzamenti pesanti, gli insulti a denti stretti o le offese dirette, impietose, gratuite.

«Ma cosa ne sa la gente? Cosa vuol saperne? Perché non viene e chiede? Io voglio, io posso spiegare. Via questi pantaloni, via queste camicie, queste cravatte – via tutto! Mai più, mai più!»

Subisce uno stupro.
«Mai più, mai più!»
Cominciano i licenziamenti.
«Mai più, mai più!»
Le minacce si fanno esplicite: danni all'auto, sassi alle finestre, insulti, sputi.
«Mai più, mai più!»
Controlli invasivi e violenti della polizia, abusi, pestaggi…
«Mai più, mai più!»

E invece ancora, Elisa – il peggio, ciò che spacca il cuore e può portare alla pazzia, sta per arrivare e te lo porterà chi non ti aspetti.

TERRA BRUCIATA

Sin tanto che soffriva in silenzio, ridicola in quei calzoni da lavoro, con quei buffi modi né carne né pesce, a far da madre nel ruolo di papà, tutto bene – per gli altri. Ma quando comincia a fare sul serio, parte il contrattacco – ed è un massacro.

«Crepa, Elisa, ma fallo in silenzio, senza rompere e senza farti vedere in giro che poi chi glielo spiega alla gente quello che stai combinando?»

«Sei dieci anni avanti a noi, Elisa – che pretendi?»

Cosa pretende? Un lavoro *pretende*, di non essere stuprata, picchiata, insultata – pretende rispetto, pretende che gli amici non abbiano paura di mostrarsi in sua compagnia, pretende che l'accompagnino e l'aiutino, pretende di non essere lasciata sola almeno da chi, come lei, deve rivendicare ogni giorno i propri diritti, pretende che la gente la smetta di rivolgersi a lei al maschile! Ecco cosa *pretende*, ci vuol tanto a capirlo?

«Forse non avrei deciso di portare in fondo la transizione se fossi stata sola, se non avessi avuto la sicurezza di poterla affrontare insieme alla mia compagna. Invece lo sai cosa è successo? Poco prima dell'operazione se ne va, svanisce. Un sera rientro e lei ha portato via tutto. Da allora non l'ho più vista, sentita.»

Già. C'è stato un prima e c'è un dopo.

Prima aveva una vita sentimentale intensa, le occasioni non le mancavano. Dopo, niente – eccezion fatta per qualche buontempona che le propone una vita da amante, nulla di più. Prima stava relativamente bene, in salute – dopo sono cominciati tutta una serie di disturbi debilitanti, altre operazioni. Prima qualche opportunità di lavoro le capitava, era regolarmente licenziata ma almeno per qualche mese campava – ora deve affidarsi a un sussidio di disoccupazione. Prima non poteva guardarsi allo specchio, toccarsi – ora può, si piace. Prima non poteva rivendicare la sua femminilità, sbatterla in faccia ai burocrati – ora sulla carta d'identità c'è scritto Elisa, bello grosso, ma...

«Qui, ormai, è il deserto. Dovrei andarmene - di certo nessuno sentirebbe la mia mancanza.»

SEI ANNI DOPO

Per la prima volta non mi è parsa tanto distante, irraggiungibile. Praticamente dietro l'angolo, se avessi allungato la mano avrei potuto toccarla.

SMS: Sto passando da Viareggio, se hai tempo potremmo incontrarci. Richiamo subito: «Elisa, ma certo! Ti vengo a prendere al casello.»

Sei anni. Di lei non ho sentito parlare spesso. Talvolta ci siamo anche incrociate sul web, abbiamo scambiato qualche Mail e poi via, ognuna per la sua strada. Non ci siamo mai incontrate, però. È la prima volta. Sono felice. Raggiungo il casello e l'attesa si riempie di preoccupazione: ha esaurito la batteria del cellulare e l'ultima volta che ci siamo sentite era ferma a una stazione di servizio perché stava così male da non poter guidare.

Finalmente eccola. Ci abbracciamo calorosamente, le chiedo come sta.
«Non molto bene.»
È pallida, confusa, mi guarda dritta negli occhi. «Adesso andiamo a casa mia, ti preparo qualcosa di caldo – non puoi rimetterti in viaggio così.» Mi pare risollevarsi.

Guardo nello specchietto, mi assicuro che mi segua come se fosse possibile per un'Ape 50 seminare un'auto. Arriviamo e la metto a sedere sul mio divano, piccolo e scomodo per un donnone come lei. Tutta la mia casa pare minuscola, ogni oggetto può essere un fastidioso intralcio. Sono una formichina. Le preparo una tazza di caffè all'americana (lo so, non è la cosa più curativa che esista, ma altro non c'è nella mia dispensa), ha paura di non riuscire a mandarlo giù e invece poco dopo ne prendiamo un altro. Parliamo, parliamo, parliamo. Abbiamo sei anni da raccontarci, tanti, troppi dolori da snocciolare come perline di uno stesso rosario.

Siamo dispiaciute di non esserci state vicino nei momenti peggiori. Siamo entrambe amareggiate, deluse. Entrambe abbiamo chiuso con certa gente. Entrambe sappiamo che in realtà è certa gente che ha chiuso con noi – troppo visibili, troppo ingestibili, impossibile assimilarci, impossibile farci stare zitte, buone. Siamo proprio delle gran rompi balle – non c'è che dire. Insopportabili. Ne ridiamo – a denti stretti.

Si è fatto tardi. Sono in apprensione: chissà quante persone la stanno cercando, sono preoccupate per lei - in viaggio, in quelle condizioni, senza telefono. «Chiama e dì che stai bene, sei qui.» Le propongo un piatto di pasta, di fermarsi per la notte: «Se non hai appuntamenti precisi, puoi ripartire domani mattina con calma, riposata. Mi sembra la cosa più sensata da fare.» S'illumina e accetta senza opporre alcuna resistenza.

Scendo con lei per aiutarla a cercare nelle valigie il caricabatterie, non c'è, l'ha dimenticato. Noto che indossa una gonna lunga, nera, molto trasparente – non c'è spazio per l'immaginazione. Penso che con l'ariaccia che tira non è prudente esporsi così. Mi prendo in giro: sembro mia nonna quando faccio certi ragionamenti.

Mangiamo. Un po' si è ripresa, sta abbastanza bene. È stanca ma emozionata, attenta. Guardiamo un po' di TV, commentiamo i fatti del giorno, poi, a nanna.

Curioso effetto averla qui. La vita è strana.

'Notte, Elisa.

RISVEGLIO

Quando dormo, dormo – sono inamovibile, imperturbabile. Ottusa. Ma mi capita di esserlo anche da sveglia.

Improvvisamente, nel sonno, ho la netta percezione di essere osservata. Apro gli occhi e a pochi centimetri da me vedo il faccione sorridente di Elisa.

«Buongiorno» - sussurro.

«Buongiorno» - risponde.

«Quant'è che sei lì?»

«È già un po', ma non molto.»

Mi accorgo che non si è vestita: «È freddo, Elisa, ti prenderai un accidente.»

«Posso mettermi accanto a te?»

«Qui? Tu??? Non ci starai mai!»

«Vedrai, sono piccola io.»

Magicamente riesce a sdraiarsi occupando una striscia sottilissima del posto che avanza. Le offro la mia spalla come cuscino. Rimaniamo così, a lungo, di tanto in tanto parlando ma perlopiù in silenzio. Comincio a essere preoccupata – per entrambe. Ma lei è così contenta, non oso disturbarla.

«Sono felice. Non pensavo che ti avrei mai incontrata – non pensavo che avresti accettato di vedermi. È la prima volta che ho la sensazione di essere capita e accolta, sino in fondo, senza pregiudizi.»

Minimizzo, ironizzo – proprio non riesco a essere seria. Sono solo ospitale. Non sono affatto una persona straordinaria. Non mi sembra di fare cose eccezionali.

«Tu non hai idea di quanto sei conosciuta e apprezzata, non hai idea dell'importanza del tuo lavoro. Ti assicuro che sei un punto di riferimento per moltissime persone.»

«Io?»

«Eh, sì, proprio tu – e il tuo bello è che non lo sai, non te ne accorgi, non gli dai importanza.»

Dura di comprendonio, eh? Svicolo vistosamente. Caffè, altrimenti schianto. È una bella giornata di primavera, un po' fredda, magari, ma piena di vita, risvegli.

Ci sistemiamo. Altro caffè. Altre chiacchiere. Concordiamo che presto andrò a trovarla, macchina fotografica, registratore e computer al seguito. Vorrei raccontare la sua storia, parlare di lei, del nostro incontro – dal mio punto di vista, filtrando gli eventi attraverso le mie percezioni, di sponda. Una mediazione è necessaria, è necessario mostrare le sfumature. Se mostri solo quel che appare, l'intero, alla fine la gente vede solo quello e lì si ferma – non guarda oltre, si perde il senso delle cose, non si avvicina, non s'immedesima, non trova somiglianze, non può capire.

Troppo facile - non serve. Penso a un collage, a una costruzione narrativa tipo puzzle ma, come al solito, non ho la più pallida idea di cosa e come farò – di fronte alla pagina bianca la matassa si sbriglierà da sola, lavoro così. E intanto ammucchio impressioni, dettagli.

È tardi. Io devo entrare al lavoro ed Elisa deve continuare il viaggio – debole com'è.

Mi lascia da leggere gli atti del convegno scientifico internazionale "Transiti – Percorsi e significati dell'identità di genere" pubblicati dalla Regione Emilia Romagna – bel posto in cui vivere, buona cucina e aria sana. Sulla copertina una trans MtoF e un trans FtoM – si somigliano così tanto che sembrano sorella e fratello. Sono proprio belli. A dir la verità fra i due non saprei chi scegliere. Sorrido della mia ampiezza di vedute.

«Mi raccomando, mandami un messaggio quando arrivi e telefonami per dirmi cosa ti ha detto il medico.»

Mi affaccio alla finestra. Elisa volteggia sino all'auto. Poco distante, l'autista del Bus fermo al capolinea la nota. Si blocca. Sporge. Vedo i suoi bulbi oculari rotolare sull'asfalto. Penso che se non la smette dovrò scendere per ridarglieli altrimenti senza come farà a guidare? L'avevo detto che quella gonna è troppo trasparente.

Elisa si allontana e io mi rendo conto di non averle spiegato come arrivare all'autostrada. Mi viene in mente la storia del Piccolo Principe, quando l'aviatore si accorge di non aver pensato a una museruola per la pecora che gli ha disegnato, ma sono tranquilla, per una donna che è stata tanto a lungo in giro per il mondo, la strada è il posto meno misterioso e insidioso che c'è.

CROCI E DELIZIE

Cominciano due settimane di interminabili rendez-vous telefonici. Tre, quattro telefonate al giorno a botte di un'ora e più ciascuna. Parliamo di un'infinità di cose, le chiedo e mi racconta tutto. Mi spiega i dettagli dell'operazione, mi dice che quando andrò a trovarla me ne mostrerà gli esiti. «Ti prego, Elisa, no – mi fido sulla parola!» - percepisco dispiacere, d'altronde la capisco, ne è così contenta, fra amiche certe cose si fanno. Perdono, ma non m'interessa neanche un po', non sono abituata a questo tipo di confidenze, sono lontane da me mille miglia, e m'imbarazzano. Prima staffilata. Glissa.

Elisa è molto dolce, carina, affettiva, generosa, e io mi sento in obbligo di mettere qualche robusto paletto: «Elisa, non sono a caccia» - ci tengo a chiarire, e lei non gradisce la mia leggiadria da elefante. Non lo faccio mai, trovo così sgradevole e indelicato specificare certe cose, ma, davvero, non voglio equivoci.

Seconda staffilata. Ci accapigliamo un po'. «Volevo solo farti un regalo,» – con ciò probabilmente intendendo che voleva soltanto essere se stessa senza preoccuparsene - «se lo capisci, bene, altrimenti peggio per te!» Grazie. Inutile cercare di spiegare che non sto rifiutando la sua persona, la sua femminilità, che non ne faccio una questione di generi, che non è mia intenzione ferirla, mettere in dubbio o limitare la sua disinteressata spontaneità, ma le esperienze pregresse lasciano un segno. Appunto: «Quando incontro persone troppo belle mi chiedo sempre dov'è la fregatura.» Non ho mai pensato d'essere una bella persona, Elisa, ma opportunamente taccio - non sono tipo da battibecchi.

Insomma, la prende male, tuttavia mi concede il beneficio d'inventario. Ripone la faccenda in un cassetto e lo richiude. Due a zero, palla al centro. Sto per mettermi in viaggio.

WELCOME IN MY HOME

Scendo dal treno e lei è lì. Vestito nero a tubo, corto. Si offre di portare una delle mie borse ma rifiuto – il facchinaggio non è cosa per donne troppo eleganti o malaticce, men che mai per donne che sono entrambe le cose, nello stesso momento. Raggiungiamo la macchina e strada facendo mi racconta che la Polfer le ha chiesto i documenti. «Quando hanno visto chi ero non hanno fatto storie.» Effetto dei dati anagrafici inoppugnabili? E il pensiero corre a tutte le persone transgender o in transito da un genere a un altro che non possono dimostrare di essere quello che sono - penso alle vessazioni e alle umiliazioni che devono subire, senza potersi difendere.

È nervosa, turbata – non capisco se è per il mio arrivo, per l'episodio che mi ha raccontato o perché sta poco bene. La città è grigia, brutta. Subito fuori la provincia: inestricabile guazzabuglio leghista, forza italiota e destrorso. Il paesaggio alterna capannoni a natura selvaggia, cascine a piccoli centri abitati squallidi e deserti, stalle, campi coltivati a fabbrichette spoglie. È domenica. I tetti aguzzi attirano la mia attenzione. Mi sento come una che non ha mai messo il naso fuori di casa.

Dopo una ventina di minuti arriviamo a destinazione. Riconosco la palazzina che ho visto in un paio di foto. Posso facilmente immaginare quanto una trans, lesbica, comunista, possa essere amata e rispettata da queste parti.

Saliamo, ripongo le mie cose e via con il primo di molti, molti caffè.

Alle pareti souvenir che ha portato dai paesi visitati o nei quali ha vissuto; scaffali ricolmi di videocassette; il computer, cuore pulsante delle sue giornate solitarie aspettando una guarigione che tarda a venire; la camera… Mi guardo intorno senza curiosità. Scopro che è un'appassionata di calcio, mi mostra con orgoglio la bandiera della sua squadra, la indossa. Ma è in affanno, fa fatica. È stata malissimo nei giorni scorsi. I medici le hanno detto di portare pazienza. L'ultima operazione ha un decorso lungo – starà meglio fra qualche mese, ma nel frattempo non deve affaticarsi. Come potrebbe? Non riesce a far nulla (nemmeno mangiare, dormire), non può andare in nessun posto, non può lavorare. Intanto, però, cominciano ad arrivare le risposte dei colloqui lavorativi che ha sostenuto – non a tutti interessa la sua vita privata, né le sue opinioni politiche, chi è stata – quello che conta è che sia una professionista esperta, seria e affidabile ed Elisa lo è, altroché se lo è. Con le lacrime agli occhi deve declinare, spiega i suoi problemi di salute, prende tempo e perde occasioni. Chi la risarcirà anche di questo? Su chi potrà rivalersi?

È sera. Siamo sfinite. Ci corichiamo. Volto le spalle al mondo intero e m'addormento.

LATI OSCURI

Oggi si lavora.

Aiuto Elisa a preparare un pugno di domande per partecipare ad altri concorsi e colloqui – mi chiedo come farà a lavorare in quello stato, dovrà declinare, ancora. Deve stampare e imbustare il materiale: «Non ti spiace, vero, se passiamo da mia mamma per finire il lavoro?» Nessun problema. Pranziamo da lei, una donna gentile e paziente che mi scruta da capo a piedi. Anni e anni d'incomprensioni e ora finalmente si parlano, condividono gioie e, soprattutto, preoccupazioni. Si prendono cura una dell'altra. Il tempo talvolta guasta, talvolta aggiusta.

«Perché hai scelto il nome Elisa?»
«L'ho fatto decidere a lei, dopo aver escluso quelli che proprio non mi piacevano. Era indecisa fra Elena ed Elisa, ha scelto il secondo.»

Torniamo a casa. Elisa mi regala una macchina fotografica digitale ottenuta con i punti del distributore di benzina. La provo subito, impaziente. Tiro fuori anche la Nikon, il PC, accendo il registratore.

Parliamo del più e del meno, per rompere il ghiaccio, poi mi racconta storie di amiche sue, lesbiche. In ognuna ritrovo la stessa solitudine, la stessa confusione, la stessa infelicità che tante volte ho ascoltato, visto, vissuto. Mi chiedo dove sia questa sana maggioranza silenziosa e invisibile che sta bene, senza avere e dare problemi. Se lo chiede anche lei. Il quadro generale che ne viene fuori è assolutamente sconfortante: scarsa consapevolezza di sé, scarso o assente senso civico, impegno civile e politico, chiacchiere e apparenza a fiumi, cultura e fondamentali ridotti al lumicino, una quasi totale indifferenza per le conseguenze di comportamenti e stili di vita nei quali gli altri entrano e escono come merce a buon mercato - e isolamento, paura, lassismo, ipocrisia, senza averne coscienza.

Mi parla dell'associazionismo LGBT*, dei sindacati, dei partiti di sinistra, di destra, di centro, della chiesa - un disastro totale. Non c'è speranza. Via d'uscita. Alternativa.

E come la mettiamo con la misoginia, l'eterofobia, l'omofobia, la lesbofobia e la transfobia che affliggono la comunità LGBT*? Realtà o invenzione? Che peso ha il pensiero unico etero e omosessista, il maschilismo degli uomini e delle donne sulla qualità della vita individuale e collettiva, sulla qualità e l'efficacia a breve e lungo termine dell'azione politica e civile, dei rapporti con l'esterno e l'interno del movimento? Enorme – e devastante. Diserbanti micidiali.

Elisa è vittima di una specie di integralismo separatista, è fortemente politicizzata, femminista. Contesta la cultura patriarcale, rivendica con forza il diritto alla differenza. Detesta gli uomini al punto che non apre la porta nemmeno al postino. Dice di non odiarli, ma è meglio se non è costretta a stargli vicino, a entrare in relazione con loro. «Li conosco, so bene cosa vuol dire esserlo – ho le mie buone ragioni per non volerne nemmeno sentire parlare.»

Elisa parla e più cresce il senso d'impotenza ed emarginazione, disconoscimento, più cresce l'intransigenza, il rifiuto a tratti rabbioso, irragionevole, incapace di ascolto, confronto. Con puntiglio matematico elenca i fatti, le azioni, le reazioni, e le conseguenze sulla sua vita – è una questione ovviamente personale. Mi fissa dritta negli occhi e me ne chiede ragione. I *perché?* si ammucchiano. Talvolta ho la sensazione che voglia testare la mia sincerità, altre penso che non gli importi nulla delle risposte – le ha già, non sono in discussione, non si discutono. Il nero è nero, il bianco è bianco. Punto. Cerco di essere realista, oggettiva, con impietoso cinismo cerco di porre fine a questo giustificato, comprensibile ma inutile e autolesionista effluvio di dolore, veleno, risentimento.

Smetti, Elisa, di tormentarti – non t'incancrenire! Ma lei non ascolta più, da un pezzo. Mi addormento con la percezione di avere accanto una bomba a orologeria innescata, il countdown è cominciato.

DECLIVI

Il risveglio ci coglie malconce. Io sono preoccupata per lei e cerco di nasconderlo. Elisa sta malissimo fisicamente ma, mi sembra, soprattutto emotivamente.

«Se non ce la fai ad accompagnarmi alla stazione prendo un autobus.»
«Non ti preoccupare – l'importante è che stia seduta. Passiamo a salutare mia mamma in modo che non debba tornarci per prendere le ricevute delle raccomandate?»
«Va bene, certo – mi basta arrivare alla stazione con un po' di anticipo, per sicurezza, detesto scapicollarmi.»

Riordino le mie cose e scendiamo. Elisa prende la posta. È arrivato un assegno. «Torno su per le bollette così posso finalmente pagarle.» Una modesta ma provvidenziale boccata d'ossigeno. Mi chiedo come faccia a sopravvivere. «Chiederò il sussidio di disoccupazione, una cifra ridicola che mi daranno chissà quando, ma è sempre meglio di niente.» Passiamo dalla banca, poi andiamo da sua mamma. Fanno due conti, Elisa scende all'ufficio postale e quando torna le propone di accompagnarci – al ritorno passeranno a fare la spesa.

Mi spiace andar via, ma sono anche sollevata. Sono stati giorni duri, intensi. So di non poter far altro per lei che scrivere queste righe, rassicurarla – non è completamente sola, ci sono persone che la stimano, apprezzano, nonostante i suoi limiti e difetti.

La *fregatura*, Elisa, c'è sempre quando ci si aspetta che gli altri siano come li vogliamo. Certamente ti deluderò, anch'io – inevitabile, temo.

Torno a casa.

EPILOGO

Ho bisogno di silenzio per mettere insieme i pezzi, dargli una forma, un senso.

Ricominciano le telefonate. Elisa è triste, ma non si lamenta. Ho lasciato un vuoto. Io sono concentratissima - e sfinita. Parliamo, ancora, molto, e una sera, dice, per ben tre volte mi rivolgo a lei al maschile.

È già accaduto, - penso - possibile che se ne accorga solo ora? Perché adesso?

È una cosa che faccio spesso, con tutti, maschi e femmine. Talvolta mi sbaglio persino riferendomi a me stessa – ho sempre di più la certezza di avere una forma mentis transgender, d'altronde ho passato l'infanzia pensandomi al maschile, nulla di strano che faccia formalmente un po' di confusione. Ci rido, mi diverte – non riesco a drammatizzare, men che mai a dare così tanta importanza al sesso delle persone, non me ne frega nulla, guardo la luna, il dito non m'interessa neanche un po'.

Elisa si arrabbia ferocemente. La prende malissimo. Mi accusa di non riconoscerla come donna, di non vederla come tale. «Brava,» - mi scrive - «entra anche tu a far parte di quelli che mi pisciano addosso!» Sono costernata. Balbetto, zoppico, cerco di farle capire le mie ragioni, penso che dovrebbe conoscermi abbastanza per sapere che non ha alcun senso logico nemmeno il sospetto che possa in qualche modo disprezzarla. Come può fraintendermi? Nulla da fare, non sente ragioni, le mie sono solo «puerili giustificazioni», sono incapace di rispetto, non riconosco la gravità di quello che ho fatto e quindi fuori dalle balle, io e tutte le «compagne di merende che mi sponsorizzano».

Capisco e so che per lei e chiunque altro/altra affronti un percorso simile al suo, sia a dir poco fondamentale il riconoscimento dell'identità di genere, ma la reazione non è un tantino esagerata, esasperata?

Dannate consonanti, ma mi par ovvio che loro, poverine, sono solo il coperchio di una pentola a pressione che sta deflagrando.

Le chiedo cosa devo farne della sua testimonianza. Non dice che mi ci posso pulire il culo: «Pubblica, monta, disfa, fai - non m'interessa», scrive. Forse fraintendo, ad ogni modo la pubblico perché credo fermamente che sia utile farlo. Ci ripensa: «Levala dal sito altrimenti mi vedrò costretta a fartelo togliere per via giudiziaria». Sono certa che lo farebbe. Ormai non è più possibile alcun ragionamento razionale.

Tolgo l'originale e metto on-line questa versione completamente epurata da riferimenti riconducibili alla sua persona e alle sue vicende personali - senza immagini, perché nessun viso che non fosse il suo avrebbe senso.

* * *

Al di là di questo sconcertante epilogo che affido alla benevolenza dei lettori più inclini alla riflessione costruttiva, per me rimane valido e invariato l'assunto da cui sono partita: la vita di Elisa e ogni esperienza legata alla transessualità e al transgenderismo, sono non solo particolarmente significative e preziose in sé, ma patrimonio di tutti. Mi rammarico che alcuni non riescano a dargli il valore che hanno – a prescindere – e in particolare mi dispiace di come sono andate le cose fra me e lei, ma credo che sia comunque straordinariamente importante affidare alla storia il messaggio che ogni vicenda uguale o simile a questa racchiude – perché non vada perduto e ci aiuti a comprendere quanto può essere negativo il pregiudizio, da qualunque parte provenga, e quanto facilmente possa mettere radici anche dove non ci aspetteremmo mai, con conseguenze imprevedibili e sempre devastanti.

APPENDICE

25

ELYNOR DEGLI ORCHI

Settembre 2003

Eleonora vive all'estero da una quindicina d'anni. Era una promettente studiosa ma… Rifletto a lungo prima di telefonarle. Finalmente mi decido – compongo il numero.

«Halo?»
«Ciao, sono Cinzia.»

Un silenzio che ho previsto e nondimeno mi colpisce, percorre in un attimo chilometri e chilometri, arriva al mio telefono, fluisce, mi avvolge, dilaga. Per un tempo che mi pare interminabile cala l'oscurità. Non dico nulla. Entrambe precipitiamo nel nostro Aleph personale e molte ferite tornano ad aprirsi, molte parole non dette si ricompongono in quel nodo piantato in gola. L'unica cosa che in questo momento ricordo con chiarezza di lei, è la sua mano che asciuga una lacrima sulla guancia di Cristina.

«Dio, quanto tempo.»
«Sì, una vita.»

È difficile tentare una conversazione decente quando si è sopravvissuti a emozioni così intense. Tutto diviene banale.

Le chiedo come sta, cosa fa. Mi racconta che è praticamente alla fame, che ha una relazione con un artistoide squinternato. Intuisco che non ha smesso di farsi vittima. Per non dormire sotto i ponti ha dovuto occupare abusivamente una specie di stamberga. «Quest'inverno ho patito tanto di quel freddo», sussurra. A volte fa qualche traduzione. Le hanno persino pubblicato un'importante ricerca ma non basta, non ce la fa a tirare avanti – ed è sempre peggio. Le chiedo perché non rientra in Italia, ma so già la sua risposta: «E dove vado, cosa faccio. Non ho più nulla lì, nessuno.» So cosa pensa: l'ultima cosa che farebbe è pretendere la restituzione del maltolto. Se non se ne fosse andata, se avesse lottato, forse adesso la sua vita non sarebbe il cumulo di macerie che è, ma le conseguenze delle sue scelte hanno smesso di preoccuparla ormai da un pezzo. Eleonora ha un animo rivoltoso e succube al contempo, nobile – maledettamente e inutilmente nobile, disgraziato. Un po' ci somigliamo.

«E tu? Abiti sempre in quella cantina? Come te la passi?»
«Al solito: incarno il modello della sfigata perfetta, ma adesso vivo in un casa vera e ho persino il bagno. Per il resto continuo a fare molte cose belle e importanti che nessuno conosce e non mi danno da vivere. È il mio karma, Eleonora – una meraviglia». Ride.

Le illustro il tema dell'inchiesta che sto conducendo, ne spiego le ragioni.

Il pensiero e la militanza lesbo-femminista, sono cose molto distanti dai suoi interessi, dalla sua formazione e dalla sua quotidianità - mi dice – tuttavia all'università o in biblioteca ha la possibilità di leggere la maggior parte dei quotidiani europei, e i pochi amici che le sono rimasti la tengono informata.

Sa che in Italia stanno accadendo cose gravissime, che la democrazia, la libertà, i diritti, non sono mai stati in pericolo come lo sono adesso. Ciò risveglia la coscienza civile di una parte importante della società, mobilita categorie tradizionalmente ben poco attratte dalla politica attiva con ricadute che, se da un lato rappresentano uno stimolo e un sostegno, dall'altro sono avvertite come una provocazione, un'ingerenza indebita. Sono lunghi i tempi della politica (quella vera, non quella raccogliticcia e improvvisata che fa del regionalismo e dei personalismi, del populismo più becero e scadente, del liberismo selvaggio l'arma vincente per la sola ridistribuzione del potere) e le resistenze al cambiamento sono enormi - sempre. L'establishment progressista è consapevole che deve ripensare se stesso se vuole sopravvivere, che ha di fronte tre sole alternative: adeguarsi alle nuove esigenze, dimettersi, o adoperarsi affinché niente cambi con conseguente perdita di consensi e rappresentatività, portando di fatto la coalizione allo sfascio. Paradossalmente, quella che potrebbe essere per il centro-sinistra un'opportunità, rischia di trasformarsi nel suo esatto contrario.

Alla fine della nostra chiacchierata siamo entrambe più preoccupate e certamente non ci facciamo illusioni sul futuro.

«Hai trovato un editore per la tua inchiesta?»
«Al massimo, detrattori personali permettendo, finirà on-line.»

Le chiedo il permesso di raccontare la sua storia e l'avverto che non sarò tenera. Si stupisce della mia memoria, sa che non avrò pietà ma non ha niente in contrario:

«Stai attenta però,» – mi avverte – «se qualcuno si riconoscesse finiresti in un mare di guai». La rassicuro, l'ultima cosa che desidero è finire in tribunale.

Il mio naturale riserbo m'impedisce d'impicciarmi su quella parte della sua vita che non conosco, chiederle, ad esempio, se dopo la relazione con Cristina abbia più amato una donna – ma forse non è nemmeno vero che desidero saperlo.

Sarei una pessima giornalista. Certo.

L'incubo della bolletta telefonica incombe. Ci salutiamo frettolosamente ripromettendoci d'incontrarci ancora, prima o poi, ma entrambe sappiamo che non faremo nulla per riuscirci.

Non si torna indietro, né sul serio, né per scherzo.

* * *

Sicilia, terra meravigliosa e austera. Impietosa. Eleonora ha conseguito la maturità classica con il massimo dei voti e sa cosa vuole: andarsene. Adora studiare. È dotata di un'intelligenza acuta e vivace, divora libri, guarda oltre lo stretto come a un miraggio lontano pieno di promesse, incantamenti, opportunità. I suoi genitori sono mezzadri, hanno già fatto tanti sacrifici, ma se questa ragazza caparbia e capace desidera laurearsi, che vada. Poi tornerà e si sposerà, come le sue sorelle.

Giunta in continente non ci mette molto ad ambientarsi. Trova alloggio in un appartamento zeppo di studenti, mangia come può e dove capita, frequenta l'università dando un esame dietro l'altro: i suoi trenta con lode farebbero invidia anche al più titolato luminare. Non si perde una lezione, specie quelle tenute da sua eminenza grigia in persona: il professor Roggia, la bestia nera dell'ateneo, il deus ex machina della facoltà, un intellettuale d'altri tempi formatosi, senza però rimanerne invischiato, sulle ideologie anche estremiste degli anni Sessanta.

La cosiddetta contestazione ha partorito parecchi obbrobri - figli illegittimi di svariati suffissi che nel tempo hanno espropriato casate e poltrone svelandosi per quello che erano: spocchiosi e annoiati borghesi, aspiranti tali, sedicenti possessori del verbo, eredi di tutto, precettori del niente.

Parlava ai suoi studenti come se fossero dei poveri mentecatti, il professor Roggia – era intransigente e talvolta dispotico, sapeva umiliarli, intimorirli anche solo con lo sguardo. Ma Eleonora ne era ugualmente ammaliata. Adorava la sua eloquenza raffinata, l'oratoria ardita, i criptici concetti. Era affascinata dai suoi modi lascivi, dalla sua sottile crudeltà, dalla capacità di offendere attraverso una battuta ironica e tagliante, di rigirare il coltello nella ferita, *per scuotere*, diceva. In lui vedeva quel padre-dio istruito e potente che non aveva, quel padre-amante che avrebbe scelto tra le figlie meritorie la sua concubina prediletta.

Le adoratrici erano le studentesse che il professor Roggia preferiva: sulle stupide si puliva le scarpe, di fronte alle altre saliva in cattedra come su un palcoscenico dando sfogo a tutti i deliri di onnipotenza di cui era capace. Ne aveva un harem intero e ognuna si faceva in quattro per soddisfarne i capricci. Ma Eleonora era la più intelligente e insieme quella che più delle altre incarnava il suo ideale di bellezza e femminilità.

Lei cercava il suo cavaliere senza macchia e senza paura, lui la sua madonna da appendere in salotto e mostrare. S'innamorarono delle proprie allucinazioni riflesse sull'altro e iniziarono a frequentarsi. Poco tempo dopo Eleonora si trasferì nel suo appartamento portando con sé solo i libri perché al resto avrebbe provveduto lui - promise. Che ironia, non le restarono che quelli.

Alfredo era piccolo di statura, flaccido come lo è chi passa la maggior parte del suo tempo seduto rifuggendo ogni spicciola incombenza quotidiana, foss'anche levarsi il piatto davanti. Aveva lo sguardo attento e mobile di un rapace, mani mollicce e curate, capelli scuri e ricci, l'aria di chi è perennemente assorto in chissà quale risoluto pensiero. Eleonora era più alta di lui, magrissima, un fascio di nervi e muscoli. Occhi verdi, capelli ramati, leggermente mossi e lunghi, dita sottili e nodose. Modi educati, gentili, talvolta servili. Si scusava in continuazione, di tutto. Ed era prodiga, ubbidiente ed efficiente. Al mattino si alzava prima di Alfredo, gli preparava la colazione e gliela portava a letto, poi rassettava la casa, lavava i panni, stirava, correva da una parte all'altra per sbrigare le commissioni giornaliere. La sera cucinava manicaretti, poi intratteneva amabilmente gli ospiti e solo quando finalmente lui si ritirava in camera da letto poteva pensare un po' a se stessa, allora si metteva a studiare, spesso sino a notte fonda. Quasi senza accorgersene e certamente senza lamentarsi, era divenuta una casalinga perfetta, una perfetta segretaria e un perfetto soprammobile. Cominciò a dare esami con sempre minor frequenza, ma la qualità, per fortuna, rimase invariata e anzi, l'esser diventata l'amante del professor Roggia, in taluni casi la favorì. Ebbe l'opportunità di frequentare il gota universitario, per esso fece ricerche importanti che furono pubblicate senza che le fosse riconosciuto alcunché, ebbe borse di studio con le quali poté provvedere alle sue necessità senza dover sopportare troppo spesso i dinieghi del compagno, il quale sapeva essere generoso solo con se stesso e aveva preso la sgradevole abitudine di rinfacciarle le poche e modeste concessioni che le faceva.

Ovviamente i genitori di Eleonora non approvavano quella convivenza, era immorale. Dal loro punto di vista, un uomo e una donna avrebbero potuto vivere sotto lo stesso tetto solo se sposati. Il suo comportamento, quindi, era riprovevole e vergognoso. Se avessero saputo come la trattava, lo sarebbe stato ancor di più – ma lei, che nel frattempo aveva maturato un senso d'inadeguatezza profondo, che aveva perso fiducia nelle proprie capacità e cominciava a sentirsi responsabile di tutti gli accidenti del mondo, non ne faceva parola con nessuno, si fingeva felice e appagata.

Suo malgrado, a poco a poco cominciò a dare qualche cenno d'insofferenza e quando improvvisamente ricevettero lo sfratto, colse l'occasione per manifestare timidamente l'intenzione di cercarsi un alloggio per conto suo. A quel punto Alfredo pensò che la cosa migliore da fare fosse sposarla. D'altronde l'amava, quella era la donna della sua vita, di lei non poteva più fare a meno e sì, l'aveva un po' maltrattata, ma se Eleonora lo avesse aiutato sarebbe migliorato, il riconoscimento sociale e legale della loro unione, poi, avrebbe messo tutte le cose a posto dandole l'opportunità di affrancarsi, acquisire uno status, avere garanzie e certezze. Pianse, si gettò ai suoi piedi, giurò e spergiurò che la loro vita sarebbe cambiata e anzi, per dimostrarle la sua sincerità, che faceva sul serio e aveva intenzione di sistemarla e favorirla, approfittando anche dei vantaggi offerti alle coppie che si sposavano, si disse disponibile ad acquistare una casa abbastanza grande in modo che potessero ricavarne uno spazio anche per lei, autonomo, così, se un giorno si fossero lasciati, non si sarebbe trovata in difficoltà e avrebbero persino potuto continuare a essere amici, cosa alquanto conveniente anche dal punto di vista professionale. *Tanto tuonò che piovve.* Eleonora ci cascò e cominciarono i preparativi per il matrimonio.

Tutti ne furono entusiasti, tranne la famiglia di Eleonora, naturalmente. Erano contadini, avrebbero preferito per la figlia un conterraneo e poi quell'uomo aveva qualcosa che non li convinceva, non gli era mai piaciuto, ma purché si sistemasse…

In primavera ebbe luogo il matrimonio più esibizionistico che si fosse mai visto: carrozza e cavalli, paggi, vassalli, fiori a fiumi, fiumi di vino e vodka. Viaggio di nozze in perfetto stile filosovietico: quindici giorni in una dacia moscovita.

Tornata a casa, la coppia campò a lungo di rendita sul proprio delirio – un idillio.

Cominciarono anche le ricerche per l'acquisto di un immobile che si adattasse ai loro progetti, ma fu subito chiaro che Alfredo, con le sue sole e misere forze, non avrebbe mai potuto onorare l'impegno, né i contributi statali erano così vantaggiosi come avevano creduto. Occorreva una liquidità economica che Alfredo non possedeva, proprietà che fungessero da garanzia o fideiussioni. Eleonora si fece forza e andò in Sicilia a cercare aiuto. Ormai si erano sposati, rischiavano di ritrovarsi senza casa - e se arrivavano dei figli? Ognuno si rimboccò le maniche ed Eleonora ottenne la sua cospicua parte di eredità.

Trovarono un cascinale assai malandato ma abbastanza grande. Con gli spiccioli di lui, il mutuo e i contributi statali poterono acquistarlo, con i soldi di lei, poterono ristrutturarne il pianterreno e il primo piano – al secondo, quello destinato a ospitare l'appartamento di Eleonora, avrebbero provveduto successivamente, con calma, non appena avessero potuto.

A ristrutturazione ultimata, i due si trasferirono e come per magia, non appena oltrepassarono la soglia di casa, Eleonora si ritrovò esattamente nelle stesse condizioni di qualche mese prima, con l'aggravante che nel frattempo aveva perso non solo tutto il suo denaro, ma anche la possibilità di muoversi autonomamente e liberamente. La sua macchina, infatti, era stata venduta per far fronte ad alcune spese impreviste ed ora che vivevano in aperta campagna, molto distanti dalla città, in una zona che non era coperta dai servizi pubblici, doveva chiedere qualunque cosa, anche un passaggio per andare dal parrucchiere. La sua dipendenza era divenuta totale.

La rassegnazione la vinse e le capitò persino di riuscire a sopportare con serenità quella reclusione dorata. Altre volte, invece, sbottava, voleva andarsene, allora lui metteva in scena una delle sue tragedie e lei, mossa a compassione, tornava sui suoi passi.

Eleonora riuscì sempre a giustificare e perdonare i soprusi e le malefatte di Alfredo, sino a quando, un giorno, accadde l'imprevedibile.

Chiese e non senza penare ottenne, di poter ristrutturare al piano superiore almeno una stanza in modo da potervi fare il suo studio. Una loro conoscente li mise in contatto con me e Cristina, la mia migliore amica e collaboratrice. Facemmo un sopralluogo, concordammo con Alfredo gli interventi da eseguire, i tempi e i costi. Una settimana dopo portammo un ponteggio, tutta l'attrezzatura e cominciammo i lavori. Notai subito che fra Cristina ed Eleonora c'era un feeling particolare. Da principio discreto, poi sempre più evidente. Cristina, era un tipo piuttosto introverso e scontroso, ma in sua presenza diveniva insolitamente loquace, gentile. Dal canto suo, Eleonora, non perdeva occasione per farci visita: un the con i biscotti, un consiglio per sistemare questo o quello e mille altre scuse che ormai non ricordo più. Ero arrabbiata e forse gelosa, d'altronde con tutte quelle *distrazioni* i lavori procedevano a rilento e io mi sentivo a disagio là dentro, insomma, volevo finire in fretta, riscuotere e andarmene.

Una mattina Eleonora ci mostrò una vecchia scrivania e ci chiese se era possibile ricavare al suo interno degli scompartimenti segreti. Alfredo rovistava dappertutto, perciò aveva bisogno di un posto sicuro dove riporre le sue cose, specie la corrispondenza privata. La nostra risposta affermativa le illuminò il viso. C'informò che suo marito sarebbe partito per una settimana. Ci chiese se fossimo disponibili a fare il lavoro e se quel tempo sarebbe stato sufficiente per eseguirlo. Sì, lo era. Ci pregò di non farne parola né a lui né ad altri. Decidemmo che io avrei finito la stanza al piano di sopra mentre Cristina avrebbe modificato la scrivania. Ci saremmo trattenute anche oltre l'orario di lavoro, se fosse stato necessario.

Alfredo tornò, apprezzò la nostra puntualità e ci liquidò. Finalmente potemmo andarcene.

Cristina ed Eleonora cominciarono a sentirsi per telefono, poi, decisero d'incontrarsi.

Andai da Cristina e la misi in guardia. Le dissi di non fare stupidaggini perché quella donna non solo era sposata ma sapevamo bene, ormai, come stavano le cose fra quei due e lui non era certamente un tipo con tutte le rotelle a posto. Rise. Mi giurò che non aveva intenzione di mettersi o metterla nei pasticci e poi, comunque, Eleonora era eterosessuale quindi il problema da *quel* punto di vista non si poneva. Le feci notare che la maggior parte delle donne che avevamo avuto non erano state meno eterosessuali di lei. Rise ancora, mi diede un buffetto e mi disse: «Stai tranquilla, siamo solo amiche – lo sai, gli intellettuali sono strani, si sentono meglio se di tanto in tanto fanno finta di essere persone normali». La guardai vestirsi di tutto punto come poche altre volte era accaduto ed ebbi la netta impressione che l'avrei persa per sempre.

Quella notte non tornò a casa e non ne seppi più nulla per parecchi giorni, poi finalmente riapparve. Mi sembrò smagrita, ma era raggiante, felice, incredula. Fra le lacrime mi disse che non si era mai sentita così, che la cosa era reciproca, talmente intensa che le lasciava entrambe senza fiato.

Si vedevano di nascosto, ma sempre più raramente. Lui si era accorto che Eleonora non era la stessa, aveva capito che era successo qualcosa durante la sua assenza, forse aveva persino intuito che Cristina era coinvolta in questo cambiamento. Cominciò a fare domande strane, divenne più sospettoso e anche violento. Smise di allontanarsi e se lo faceva la costringeva a seguirlo. Ormai ne sorvegliava ogni movimento. La minacciava, le diceva che se lo avesse lasciato l'avrebbe rovinata: l'università poteva dimenticarsela, di laurearsi neanche a parlarne e così pure ogni prospettiva professionale le sarebbe stata preclusa. Eleonora sapeva che non scherzava, che aveva il potere di distruggerla, di fare quello che diceva. Altre volte si faceva trovare con la bocca piena di pasticche, sul punto di ingoiarle. Altre ancora smetteva di mangiare per giorni e giorni, si ubriacava, ostentava il suo abbrutimento in modo che gli altri ne intuissero la causa. No, non era possibile lasciarsi alle spalle tutto questo senza che vi fossero conseguenze estreme, forse drammatiche.

Eleonora cedette ancora una volta. Finalmente riuscì a tranquillizzarlo e a liberarsi di lui per qualche ora.

Cristina non aveva sue notizie da mesi. Tutto si aspettava ma non di vederla, non quel giorno, non in quel modo. Le parve che il cuore fosse sul punto di scoppiare, vacillò. La fece entrare. Rimasero lungamente in silenzio, immobili, guardandosi. Fecero l'amore in un modo così disperato che non vi furono dubbi sul motivo di quell'incontro. Piansero, ma non si dissero nemmeno una parola – non occorreva. Quando arrivai erano sulla porta, una di fronte all'altra. Eleonora raccolse una lacrima sulla sua guancia, forse sorrise, si voltò, mi guardò ma non mi vide, come uno spettro mi passò accanto e sparì nella penombra dell'androne.

Cristina si sentì male. Dovetti sorreggerla, chiamare un medico. Era in stato di shock, catatonica. Rimase così per molto tempo poi, quando parve che ne fosse finalmente uscita, si procurò una siringa e qualche grammo di eroina. Morì di overdose nel suo letto, un pomeriggio di fine primavera.

Un paio d'anni dopo Eleonora mi fece visita. Anche se con enorme ritardo, aveva saputo. Capiva che non l'avessi avvertita. Non riusciva a darsi pace. Mi raccontò la sua storia. Tentò di spiegarsi. Forse, se mi fossi trovata al posto suo, avrei agito come lei. Comunque, alla fine si era laureata: 110, lode ed encomio, quindi aveva abbandonato il marito al quale, purché uscisse definitivamente dalla sua vita, aveva lasciato tutto: casa, macchina, mobili, persino i vestiti. Si era portata via soltanto i libri, i ricordi. Certo, lui aveva cercato di trattenerla, riportarla a casa: l'aveva fatto con le buone e con le cattive, ma questa volta non c'era riuscito.

Eleonora venne a trovarmi ancora, ma non diventammo mai amiche. Improvvisamente sparì. Seppi più tardi che Alfredo non solo la sostituì in fretta con una giovane brasiliana, ma mantenne anche le sue promesse: gli bastò fare qualche telefonata per precluderle in Italia ogni possibilità di lavoro e carriera. Eleonora dovette andarsene e forse non le costò nessuna fatica farlo.

Recentemente ho ricevuto una sua cartolina, lo fa sempre quando cambia numero telefonico. Credo che sia solo un modo per mantenersi in contatto, ma mi piace anche pensare che lo faccia per non separarsi del tutto e per sempre da una piccola parte del suo passato, da quella strana ragazza che l'ha talmente amata da annullarsi nell'amore, da non riuscire più a dare significato alla sua vita senza di lei.

Sono trascorsi una ventina d'anni, eppure non ho smesso di intravederla in mezzo alla gente, anche adesso ho la percezione che Cristina sia da qualche parte, qua intorno.

Mi aggrappo a queste sensazioni perché coltivo l'illusione di poterla ancora incontrare. Se l'avrò dimenticata, come potrò riconoscerla?

E ora vi chiedo: come si può sopportare che su una lapide non vi sia scritto niente che racconti la vita di chi là sotto riposa, spieghi agli sconosciuti che si fermano a guardarne la foto, perché, quel giorno, sorrideva, e quanto la sua esistenza fosse straordinaria, anche se non era stata come gli altri avrebbero voluto, anche se a nessuno gliene era importato?

Lottiamo una vita intera per non soccombere, per affrancarci, affidiamo alle parole la memoria, ma poi per primi ci rifiutiamo di ascoltare, preferiamo tacere - lasciamo che il silenzio c'inghiotta, vanifichi tutto quello per cui abbiamo vissuto, ciò che abbiamo dato e ricevuto.

No, non ha alcun senso.

Non rassicura, non consola. Non serve.

26

FRANCA E ROSARIA

Settembre 2003

Rimanere senza lavoro è generalmente un dramma. A me, pur non avendo alcun asso nella manica al quale ricorrere in casi come questo (niente rendite, risparmi, amici influenti, amanti danarose, parenti disponibili, ecc.), procura sempre una specie di gioia, un'eccitazione profonda, un senso di liberazione entusiasmante, folle.

Licenziata - finalmente.

Cammino assaporando il piacere di non avere una meta, limiti di tempo, obblighi, responsabilità. Guardo senza interesse le vetrine, progetto senza convinzione un piano strategico per riprendere i contatti con i miei vecchi clienti – più che altro ripenso al mio progetto, cerco nella memoria volti e storie, mi chiedo se riceverò le telefonate che mi sono state preannunciate.

Fuori dai negozi vi sono montagne di cartone. In fondo alla piazza qualcuno sta facendo razzia ma stranamente non è un addetto dell'azienda municipalizzata. Sino a qualche anno fa questo tipo di raccolta dava da sopravvivere a chi, ormai, non poteva far altro, poi sono comparse le associazioni benefiche, si è dato inizio alla raccolta differenziata dei rifiuti, il comune ha regolamentato un po' tutto e a poco a poco i robivecchi e gli straccivendoli che passavano di casa in casa liberando cantine, soffitte e armadi, hanno dovuto farsi da parte. Mi avvicino e con grande sorpresa riconosco Franca. Non la vedevo da molto tempo, avevo addirittura pensato che fosse morta. È ingrassata, i capelli, sempre cortissimi, sono argentati. Con movimenti sicuri e veloci finisce di caricare il cartone, rimonta sull'Ape e se ne va senza accorgersi della mia presenza. Fatti due conti suppongo che non abbia meno di sessantacinque anni – nonostante tutto ha la prestanza fisica di una cinquantenne in ottima salute, la spavalderia di chi sa tirarsi fuori dal tempo.

Raggiungo uno degli ultimi bar onesti dove ancora si può bere un caffè senza pagarlo una fortuna. Mi siedo, ordino un peschino (un aperitivo a base di pesche sciroppate e chissà cos'altro) e decido di raccontare questa storia.

* * *

Mio padre è stato per trent'anni una specie di primula rossa locale, un mascalzone assai scaltro e capace, temuto e rispettato anche dalle forze dell'ordine. Ne ha fatte di cotte e di crude, come si dice, quasi nulla che fosse legale o privo di conseguenze spiacevoli a breve e lungo termine. Ovviamente non ho vissuto un'infanzia serena, tuttavia l'aver dovuto guardare il mondo da un'angolazione non proprio ortodossa mi ha predisposta ad accettarne e talvolta persino apprezzarne gli aspetti comunemente più esecrati – insomma, ho imparato presto che la televisione racconta un sacco di frottole e che con un po' di fantasia si può trovar del buono anche dove probabilmente non c'è o dove nessuno pensa vi sia.

Verso la metà degli anni Settanta, dunque, Franca era in affari con mio padre. Ricordo che di tanto in tanto veniva a casa nostra. Mi stupiva l'accoglienza che riceveva: mio padre la trattava con deferenza e mia madre non mostrava d'esserne disturbata o preoccupata. Era una figura incombente e minacciosa come una parete a picco, eppure non aveva niente che potesse ragionevolmente inquietare. Parlava con voce calma e profonda, era molto educata e dava l'impressione di essere estremamente sicura di sé, senza prepotenza – l'esatto contrario dei modelli femminili e maschili che mi circondavano. Avvertivo la diffidenza di mio padre e allora non capivo perché la frequentasse, né perché mia madre, pur non avendo per lei alcuna simpatia, non le saltasse agli occhi come faceva con ogni donna. Era tutto molto strano, per me a quel tempo ancora incomprensibile.

Vivevamo in una casa enorme e mio padre ci aveva abituate a ogni sorta di stoccaggio: sigarette, tappeti, quadri, macchine per scrivere, gioielli, addirittura giocattoli. Incredibilmente, tutto si svolgeva alla luce del sole, in pieno giorno. Scaricava la merce, poi cominciavano ad arrivare i clienti che senza nemmeno salire le scale facevano gli ordinativi dalla strada, urlando: «Olinto, tirami dieci stecche di Marlboro!» A ripensarci oggi sembra incredibile, ma giuro che questo è esattamente quello che accadeva.

L'affare con Franca riguardava un considerevole quantitativo di maglie – improvvisamente ce le ritrovammo dappertutto.

Mio padre ci caricò in macchina e come faceva ogni volta che aveva la certezza di concludere l'impresa del secolo, ci portò a visitare la fabbrica di confezioni che intendeva acquistare grazie all'opera di intermediazione di Franca. Ero una bimba, ma già abbastanza sveglia per sentire puzza di bruciato - se lui avesse avuto solo la metà del buon senso che avevo io a dieci anni la nostra vita sarebbe stata alquanto differente. La fabbrica consisteva in una stanza una, un'operaia una e un telaio uno - ma di nuovissima concezione. Mio padre illustrava a mia madre i prodigi di quella macchina infernale che se avesse prodotto in proporzione al chiasso che faceva avrebbe arricchito chiunque, ma così non era evidentemente, altrimenti perché darsi tanta pena per trovare un compratore al quale cedere la gallina dalle uova d'oro? Già. L'idea di mio padre consisteva nel mettere prima o poi mamma al telaio, io e mia sorella ci saremmo *divertite* a incellophanare e lui avrebbe piazzato la merce. Dopo aver investito una discreta somma rilevando magazzino e macchinario, scoprì di essere stato raggirato e noi dovemmo convivere con gli scatoloni a lungo prima di poter riprendere possesso della nostra casa.

Franca scomparve. Da allora mio padre smise di riferirsi a lei con il suo nome di battesimo e cominciò a chiamarla *lesbicaccia*.

Nel 1997 la rincontrai per caso. Seppi con sorpresa, giacché nessuno aveva ritenuto importante dirmelo, che dopo la morte di mio padre aveva periodicamente fatto visite di cortesia a mia madre. M'invitò a cena. Pur avendo ereditato una discreta diffidenza nei suoi confronti e memore della sua straordinaria abilità nell'abbindolare il prossimo, accettai. Ero curiosa, volevo capire, sapere, ritrovare brandelli d'esistenza – aggiungere tasselli a un mosaico destinato, forse, a rimanere incompiuto.

Viveva in un seminterrato. Venne ad aprirmi una donna che mi parve subito alquanto disturbata. Si muoveva frenetica, a scatti. Cucinava, apparecchiava, fumava, beveva e parlava tutto insieme, cambiando discorso e atteggiamenti senza motivo, secondo una logica che non comprendevo. Sembrava avere una gran fretta, c'era paura e imbarazzo, aggressività e fastidio. Franca, invece, era tranquilla, ma non la perdeva d'occhio nemmeno un istante. Avevo la sensazione che sapesse perfettamente quali erano i suoi limiti e cosa occorresse fare per contenerla, prevenirla. Per tutta la serata mi è sembrato di stare in equilibrio sulla lama di un rasoio, in balia di una specie di residuato bellico vagante: una mossa sbagliata e BOOOM! – Dio solo sa cosa sarebbe successo.

Sebbene nulla lo lasciasse trasparire, Franca e Rosaria avevano una relazione che andava oltre la semplice convivenza. Niente parole dolci, vezzeggiativi, manifestazioni affettive. Il classico esempio di coppia butch e femme, ma senza la stucchevole e consueta ostentazione dei ruoli tipica di queste coppie. Un occhio inesperto avrebbe potuto interpretarla come una coabitazione formale, opportunistica. Parlammo sempre del più e del meno, superficialmente, mai di omosessualità, del passato o di vicende troppo personali. A tarda ora ricevemmo la visita di un signore attempato, bevemmo qualcosa insieme, quindi Rosaria si ritirò con lui in un'altra stanza per discutere di certe questioni di lavoro. Quando decisi di andarmene erano ancora là.

Me ne tornai a casa abbastanza costernata. Non capivo il senso di quella serata. Perché mi aveva invitata? Perché mi aveva chiesto di tornare? Cosa voleva da me e cosa aveva cercato di dirmi, dimostrarmi? Forse pensava che la conoscessi per interposta persona, ma io non sapevo assolutamente nulla di lei, di loro, tranne che era lesbica, campava di espedienti, era stata in galera e aveva fregato mio padre.

Chiesi in giro e a pizzichi venni a sapere da fonti forse attendibili, direttamente o indirettamente coinvolte, cose che mi lasciarono letteralmente senza parole.

Franca e Rosaria gestivano una modesta casa di appuntamenti.

Si erano conosciute in prigione. Franca condannata a una pena piuttosto pesante per truffa aggravata, Rosaria per spaccio, prostituzione e resistenza a pubblico ufficiale. Forse s'innamorarono lì, oppure accadde quando si ritrovarono fuori, forse non s'innamorarono affatto o solo una dell'altra poco e male corrisposta, di certo si misero in società, da principio pretendendo dai loro traffici giusto il necessario. D'altronde, Rosaria non intendeva smettere di fare l'unico mestiere che aveva imparato, che le dava da vivere senza troppe complicazioni, e Franca non solo aveva un bel po' di pelo sullo stomaco, ma dopo la lunga detenzione era fuori dal giro, grossi affari non le capitavano più. Così, inizialmente Franca procurava i clienti a Rosaria e i proventi, levate le spese, erano divisi in parti uguali. A un certo punto, però, il bisogno di raggranellare cifre di denaro più consistenti le convinse a estendere la loro attività coinvolgendo anche altre ragazze. Sfruttando le conoscenze che avevano nell'ambiente della tossicodipendenza, decisero di fare, per così dire, proselitismo – ma non più di una ragazza per volta. Occorreva creare rapporti di dipendenza in modo da poter persuadere e controllare le ragazze agevolmente, metterle nella condizione di non potersi rifiutare. Rosaria le portava a casa e poi era Franca che ne conquistava la fiducia ascoltandole, dandogli ospitalità, prendendosi cura di loro. Fingeva di aiutarle impedendogli di mettersi nei casini e per farlo talvolta gli procurava lei stessa l'eroina, altre ci andava a letto per fargli credere di avere per loro un interesse vero, profondo, per dargli l'illusione che l'avevano in pugno e potevano sfruttarla, ma poi arrivava il momento di trovare i soldi che lei e Rosaria improvvisamente non avevano più e allora era facile indurle a compiacere qualche amico senza pretese – non dovevano preoccuparsi, a tutto avrebbero pensato loro, non c'erano alternative, quello era il modo più veloce e sicuro per sistemare le cose. Entrate nel meccanismo e pur di non tornare sulla strada, le ragazze finivano per accettare qualunque cosa, con gratitudine.

Non so cosa ci fosse dietro l'insistenza del suo invito, né m'interessava scoprirlo.

Qualche tempo dopo seppi che Rosaria era stata ricoverata in psichiatria parecchie volte, poi più nessuno la vide in giro. Franca invece frequentava assiduamente il bar dei tossici, in centro, per questo era facile incontrarla - quando cambiò gestione sparì insieme agli altri.

Guardo i turisti passeggiare naso all'insù, i bambini rincorrere i piccioni. Molte cose sono cambiate in questa città – quanta vita è trascorsa, quanta vita.

27

BELLADONNA

Settembre 2003

Lei assolutamente etero, aggressiva, rampante e splendida nel fiore dei suoi quarant'anni. Io lesbica consolidata con qualche sporadico cedimento eterosessuale, sparpagliata ed errante nell'esplosione ormonale dei miei venticinque.

Premetto che la conoscevo da quando ero una ragazzina (sul finire degli anni Settanta frequentavamo la stesso giro di artisti) e all'epoca m'intimorivano parecchio la sua personalità e la sua vita "al limite". Ci perdemmo di vista e dopo una decina d'anni ecco che riappare nelle vesti di protettrice di un musicista pazzo e squattrinato con il quale stavo lavorando - James mi aveva detto di avere una donna ricca e molto bella, ma mai avrei immaginato che quella potesse essere lei!

Un giorno fissiamo un appuntamento per discutere l'organizzazione di un suo happening e lui con chi si presenta? La femme fatale in persona al cospetto della quale aveva un'aria così ridicola e insignificante. Et voilà, un tuffo al cuore: cervello e stomaco in poltiglia. Naturalmente mi riconobbe, ma non per questo mi trattò diversamente dagli altri: da subito mi zampettò addosso come fossi uno zerbino. La collaborazione fra me e l'artista ci costrinse a frequentazioni molto prolungate e intime: colazione, pranzo e cena tutti e tre insieme, praticamente ogni giorno, intere notti svegli a progettare e filosofeggiare con lei sempre intorno impegnata ad attirare l'attenzione e lui, seccato o divertito (e dopo una cert'ora immancabilmente ubriaco), che per liberarsene doveva cacciarla in malo modo, oppure portarsela a letto. Ed io lì, paralizzata, sempre più adorante e arrabbiata. Come faceva l'oggetto del mio desiderio ad essere così scema, a sopportare simili violenze e prevaricazioni, ad accettare quella specie di derelitto ambulante? E perché, invece, quando eravamo insieme da sole riusciva sempre a stupirmi con la sua vivacità intellettuale, la sua vitalità, la sua forza straripante? Diventammo molto amiche rimanendo insieme anche quando lui si assentava per i suoi viaggi all'estero. Dividevamo tutto, lo stesso cibo, lo stesso letto. Quando lui tornava coprivo le sue marachelle. Lei aveva altri amanti, occorre dirlo? Ed io ero sempre più fuori di me, mi dilaniava averla accanto in quel modo così totalizzante senza poterla strappare ad una vita senza regole che la offendeva, la lasciava prostrata e ferita a fare i conti con la parte di sé che, spesso drammaticamente, la dominava. Riusciva ad essere se stessa solo quando eravamo insieme, da sole. Si lasciava andare, si spogliava del suo personaggio e finalmente era padrona del suo corpo, protagonista della sua vita - senza condizionamenti (era ed è ancora bellissima quando riesce a farlo).

Nel giro di 5 mesi diventammo quasi inseparabili - amiche, complici e... non ancora amanti. Sapevo, però, che eravamo pronte e un giorno, con naturalezza, ci cercammo e trovammo... Che macello! Crisi d'identità, fughe nella notte alla ricerca di amanti che le confermassero la sua femminilità - riuscì ad incasinarsi al punto che intorno le crebbe tanto di quel risentimento che alla fine, tornare da me, era tutto sommato un sollievo, il più inoffensivo, inconfessabile e gratificante. Volevo la smettesse di farsi male, volevo la smettesse di farne così tanto a me - ma qualsiasi cosa facessi non serviva a nulla, lei proseguiva la sua folle corsa, come una macchina senza freni giù per una discesa. La conoscevo bene, ormai, non mi facevo sciocche illusioni - sapevo che non avremmo potuto avere un rapporto di coppia, né, d'altronde, pensavo di avere la forza per affrontarlo. Non volevo ritrovarmi ad essere la sua protetta o la sua vittima sacrificale, tuttavia avrei voluto che la smettesse di pensarsi malata, che considerasse il suo amore per me, ed il mio, come un dato acquisito dal quale ripartire, da cui trarre le giuste conseguenze, qualsiasi fossero - io sarei sopravvissuta, come sempre, del resto...

Quanta sofferenza, quante umiliazioni.

Un giorno venne a trovarmi mia madre, ricordo che crollai a sedere sul letto senza riuscire a smettere di piangere, non riuscivo e non potevo spiegarle tutto quel dolore, non c'erano mai state parole esplicite, non c'era mai stata confidenza... Lei si sedette accanto a me, mi abbracciò (il contatto fisico, tra noi, è una scoperta recentissima) e mi disse: "Sei come tuo padre... lei non è la donna giusta per te, lasciala perdere..." - le lacrime smisero di scendere ed io finalmente capii: sempre, sino ad allora, avevo cercato in ogni donna la sua figura austera e inaccessibile, i suoi rifiuti, la sua apparente superficialità, il suo essere vittima di se stessa e quindi del mondo, ed ogni volta attraverso le altre avevo cercato di salvarla, conquistarne l'amore... Fu un'illuminazione folgorante che mi cambiò la vita. Mi asciugai le guance e decisi che era giunto il tempo di voltare pagina.

Un poco alla volta e fra mille sofferenze, riuscii ad allontanarmene. Lei mi cercava, non voleva rinunciare alla mia amicizia, alla mia disponibilità, alle mie attenzioni. Con me poteva ridere, parlare, sognare, essere se stessa - intimamente. Io soddisfacevo la sua parte maschile e insieme ero una presenza forte, autorevole, comprensiva e protettiva, non una madre, né una sorella o una complice, ma la sua restante metà - asessuata. Insomma, un casino. Mi buttai a capofitto in ogni avventura che mi capitò a tiro, feci e mi feci del male, cominciai a negarmi, con fatica separai la mia vita dalla sua – ma l'amavo, davvero, molto. Amavo lei, la sua anima, le sue idiosincrasie, i suoi astratti furori, amavo i momenti nei quali sapeva sorprendermi con la profondità di certi pensieri, quel suo modo speciale e involontario di farmi sentire la sua sposa e insieme il suo sposo – ben oltre i generi. Ma nessun compromesso era possibile – imparai a farne a meno, completamente.

Nel tempo mi ha spesso rimproverata di averla lungamente privata di me, di non aver avuto sufficiente pazienza, di non averla amata del suo stesso amore. Aveva ragione: il mio non ammetteva ambiguità. Tutto o niente. Una rigidità irragionevole e cavalleresca tipica dell'età giovanile, un istintivo coraggio o avventatezza, un'integrità che a quarant'anni si stenta a capire – e talvolta si rimpiange.

Sono stata la sua inaspettata, prima ed unica storia lesbica (o come dice lei candidamente, facendomi arrossire - la sua prima storia d'amore). Oggi siamo amiche, ci conosciamo meglio di chiunque altro, non ci frequentiamo ma sappiamo di occupare una nell'altra un posto esclusivo, inespugnabile.

Forse in un'altra vita la quadratura del cerchio è stata o sarà perfetta... Magari abbiamo avuto dei figli, oppure ci ammazzeremo... chissà.

Questa volta è andata così.

À la prochaine, Belladonna.

SUOR CHIARA

Settembre 2003

Al di là delle considerazioni che si possono e si devono fare quando si parla dell'innegabile condizionamento e strapotere religioso, ci sono le esperienze individuali, soggettive e dirette che, talvolta, contraddicono l'evidenza e la generalità.

Personalmente, a parte i soprusi e le violenze subite in età prescolare e più oltre in casi isolati poco rappresentativi, ho incontrato donne di fede straordinarie che occupano un posto importante nel mio vissuto e nella mia formazione.

A dodici anni la mia famiglia mi ha esiliata in un collegio correzionale privato, a Genova. L'Istituto era gestito in modo autonomo e singolare da un gruppo di suore: non c'erano le sbarre alle finestre e il portone non era chiuso a chiave perché tanto, diceva la Madre Superiora, ci avrebbero riacciuffate e riportate indietro. Questa affermazione può sembrare intimidatoria o brutale, ma posso garantire che Suor Chiara tutto era tranne che una sadica aguzzina! Nelle sue parole c'era franchezza - a suo modo tentava di proteggerci non tanto da noi stesse, quanto piuttosto da quello che ci aspettava là fuori. Se avessimo accettato quel soggiorno coatto trasformandolo per quanto possibile in una scelta, saremmo riuscite a sopportarlo e forse lo avremmo addirittura gradito.

Molte di noi non si trovavano lì perché avevano fatto cose delle quali vergognarsi (ammesso che al di sotto di una certa età si possa parlare di colpe e responsabilità) - quello era principalmente un "parcheggio" dove le bambine dai 6 ai 18 anni che non potevano essere allevate dalle proprie famiglie venivano "lasciate in custodia" in attesa di tempi migliori, solo secondariamente era una specie di stanzino buio dove genitori solerti intendevano segregare le figlie più inopportune o disubbidienti nella speranza che la punizione le addomesticasse, cosa che non avveniva quasi mai giacché quel luogo era un paradiso se paragonato alla vita dalla quale provenivano. C'era una ragazza, ad esempio, che non intendeva redimersi perché se l'avesse fatto sarebbe tornata a casa dove il patrigno l'aspettava a braccia aperte, sotto le lenzuola del suo letto! Suor Chiara lo sapeva, sapeva tutto e compiva sforzi disumani per farci stare meglio che poteva. Eravamo tutte coinvolte, partecipi.

C'erano tre sorelle abbandonate dai loro genitori i quali, da mesi, non pagavano più la retta e nemmeno andavano a trovarle - decidemmo di razionare il cibo perché non erano le uniche e soldi per provvedere a tutte non ce n'erano abbastanza.

All'interno dell'Istituto c'era la cappella, le aule per garantire un'educazione alle ragazze in età scolare e due laboratori artigianali dove lavoravamo a turno. Producevamo fiocchi per tende e smaltavamo gioielli in argento. Imparavamo un mestiere, ci tenevamo occupate. Parte dei proventi del nostro lavoro finiva nelle casse dell'istituto e serviva per finanziarlo, parte ci era corrisposta in modo che potessimo provvedere alle nostre piccole necessità. C'era un campo di basket/pallavolo e in fondo al viale che conduceva all'uscita, una baracchina che fungeva da rimessa e laboratorio nel quale ci riparavamo da sole le scarpe. C'erano tre camerate: una ospitava le bambine dai 6 ai 10 anni, l'altra dai 10 ai 14 e l'ultima dai 14 ai 18. Divise in gruppi e secondo turni prestabiliti, a rotazione provvedevamo alle pulizie dello stabile intero esclusi gli alloggi delle suore, le più grandi si occupavano anche del giardinaggio. Doccia una volta alla settimana finché c'era acqua calda. Cibo, scarso per le suddette ragioni, quattro volte al giorno: colazione, pranzo, merenda e cena - fuori dai pasti non si poteva chiedere alcunché.

È stata una delle estati più belle e serene della mia vita. Suor Chiara organizzava gite sulle montagne genovesi o splendide giornate al mare, a Mulinetti. Le suore più giovani venivano con noi, si mettevano il costume intero, nascondevano la testa rasata sotto la cuffietta e via in acqua a giocare, oppure, se pioveva o dovevamo lavorare, passavamo tutto il tempo parlando con loro ed erano dolci come il miele anche quando preoccupate o arrabbiate. Si muovevano silenziose e svelte, lasciavano dietro di sé una scia di profumo fresco, come di bucato e panni stesi al sole, le lunghe sottane agitavano l'aria e molte di noi avvertivano in quel frusciare discreto qualcosa di rassicurante e caro. Quelle piccole donne e il luogo che abitavano erano un rifugio sicuro, non una galera quale avrebbe dovuto essere nelle intenzioni di chi lì ci aveva costrette o abbandonate.

Certo, non per tutte era un piacere. C'erano ragazze poco più che bambine portate dalla polizia o dai carabinieri - donne a 12/13 anni, gravide, in attesa che il giudice ne decidesse le sorti, piccole prostitute, ladre... Ne ricordo una in particolare: apparve improvvisamente un pomeriggio ma già dal giorno prima si mormorava che sarebbe arrivata, anzi, tornata. Le ragazze più grandi parlavano sottovoce, fra loro, capii che era scappata poco prima del mio arrivo e che l'avevano ritrovata, che aveva nuovamente tentato il suicidio, che non era sola. Non saprei dire quanti anni avesse, la guardavo di nascosto perché ne avevo paura, dicevano che era una tipa violenta, che non sapevi mai come prenderla. Se ne stava zitta, in disparte, si stringeva le ginocchia al petto, lo sguardo torvo, in mano un piccolo orsacchiotto di peluche, le braccia completamente coperte di cicatrici e i polsi ancora fasciati - provai tanta pena, avrei dato la mia vita per vederla sorridere. Aveva un'amica, erano arrivate insieme e si separavano solo se costrette, le vedevo abbracciarsi, apparentemente silenziose. Qualche giorno dopo le portarono via, non se ne seppe più nulla.

Alle ragazze della camerata numero tre, le più grandi, le suore facevano parecchie concessioni - erano loro, ad esempio, che uscivano per fare la spesa. Sotto la responsabilità di mia cugina andavano a comprare le cose delle quali avevamo bisogno: saponi, biancheria, cancelleria e quant'altro. Mia cugina aveva diciannove anni e si trovava lì da quando ne aveva dieci - ormai era andata oltre il limite di età tuttavia non voleva andarsene, non voleva tornare a casa. Suor Chiara le permise di restare almeno sin quando non si fosse sentita sicura, non avesse trovato un lavoro, non si fosse garantita l'autosufficienza per non dipendere da sua madre, mia zia. Suor Chiara sapeva anche che le ragazze della tre usavano la rimessa per andarci a fumare e forse sapeva persino che aprivano il cancello e facevano entrare i ragazzi, ma quando loro sparivano per andarsi a riparare le scarpe, nessuna suora attraversava il vialetto ed io che dovevo fare il palo mi sono chiesta più volte per quale ragione me lo chiedessero - se volevano sbarazzarsi di me bastava dirlo.

Poi, un giorno, arrivò mio padre. Vennero ad avvertirci che ci aspettava nel parlatorio ed io capì che la festa era finita. Io e mia sorella entrammo, mia madre sorrideva come una scema, scodinzolava. Lui pure sorrideva ma conoscevo bene quel ghigno, stava tendendo una delle sue trappole. Ci salutò appena, poi mi guardò dritta negli occhi e mi chiese: "Decidi cosa vuoi fare: restare qui o tornare a casa?" ed io, pur sapendo che la mia risposta non avrebbe avuto alcuna importanza: "Voglio restare qui". "Bene" - mi disse - "Vai in camera e prepara la valigia".

Salutai Suor Chiara piangendo e lei mi sussurrò di non preoccuparmi: potevo tornare a trovarla quando avessi voluto. Lessi nel suo sguardo la disperazione dell'impotenza: non poteva trattenermi, non poteva trattenere nessuno. Era la sua forza e il suo limite.

Tredici anni dopo, nel 1989, dopo molte ricerche ho ritrovato l'Istituto. Accompagnata da un'amica l'ho raggiunto, ho suonato il campanello, ho chiesto di Suor Chiara. Era in viaggio non so dove, ma ancora lo gestiva. Me ne andai con una bella sensazione - lei era sempre al suo posto. Sì, era vero, adesso potevo tornare a trovarla quando avessi voluto.

BORDERLINE

Settembre 2003

Ho sentito una musica provenire dal mare:
raccontava una storia triste d'archi grevi come voci umane –
ricordava la guerra, invece parlava d'amore...
Ho visto una danza attraverso il vento:
sembrava un corpo fiero di fanciulla appeso ad una testa di vecchia –
era una metafora di morte eppure ballava!
Ho scritto frammenti di cielo per fermarli nel tempo.

Eccomi qua, silenziosa e attenta. Fuori ha smesso di piovere, l'aria è tiepida, gentile il vento, cara quest'atmosfera familiare eppure disattesa. Il nuovo disco di Alice che da giorni non mi abbandona (è splendido), il cane che finalmente si è calmato, riposa, un'altra sigaretta. Mi guardo intorno - e dentro. Un senso di tristezza mi ha presa – una stanchezza antica, una malinconia sottile e piacevole mi accompagna mentre riordino gli appunti, mentre penso a come introdurre, imbastire la prossima storia, mentre tornano le voci, i visi, come fantasmi o profumi che nessuna parola potrà raccontare, nessun marchingegno catturare, nessuna scatola contenere.

Penso agli appuntamenti mancati, alle promesse non mantenute, alla facilità con la quale lasciamo andar via le persone o le allontaniamo da noi, alle occasioni sprecate che non torneranno, alle lacrime e ai sorrisi rimasti senza nome, comunque impressi nella mente, sospesi nell'aria come una frase spezzata.

Penso a Eleonora, Cristina, Lina, Giusy, Mirella, Antonia, Paola, Marilù, Giulia, Nico, Mary, Vivy, Andrea, Roberta, Franca, Rosaria, Ersilia, Chiara, Costanza, Imma, Piera, Carla – penso a tutte le donne che ho conosciuto e quelle che incontrerò, quelle che ho dimenticato e quelle che non potrò cancellare, quelle con le quali potrò spezzare il pane, e quelle contro le quali dovrò combattere.

Donne. Donne del passato e del futuro, donne nel presente. Spietate o indulgenti, eroiche o miserabili. Donne come me, capaci di concepire e uccidere. Dee imperfette e cicliche che percosse percuotono – e segnano. Echi di luce nel buio - lame scintillanti, o lanterne, lucciole, memoria di stelle. Donne che portano il fardello e lo impongono, come le dita sulla fronte a disegnare una croce, quella sì, vera – e viva, sanguinante.

Donne riflesse, nello specchio infinite volte ripetute, uguali, differenti. La maschera calata sugli occhi per farsi più belle, l'andatura provvisoria, distratta – traccia lieve o profonda che il mare invariabilmente cancella, l'orda copre e confonde, la storia sottace o nega.

Ho passi di lumaca su brandelli d'esistenza.

Ecco, riprendo fiato e posso, adesso, proseguire il cammino – sull'orlo di quel precipizio che la vita mi ha offerto.

* * *

Costanza aveva avuto una vita infelice, tempestata di pretese che avrebbe dovuto soddisfare, più grandi di lei e, come spesso capita, lontane anni luce da quello che probabilmente avrebbe potuto e voluto fare. Nata e cresciuta in una famiglia alto borghese caduta in disgrazia, sin da bambina si era sentita in obbligo di accontentare i propri genitori – non poteva fare a meno di compiacerli, di adeguarsi alle loro manie di grandezza, di soccombere al loro incrollabile egoismo, al loro opportunistico moralismo. Volevano fare di lei una violinista di prima grandezza, le stavano addosso in modo che se fosse arrivata in alto li avrebbe trascinati su con lei, portati dove credevano di avere il diritto di stare – nient'altro contava. Così, sebbene amasse Sara e la musica, e più di ogni altra cosa al mondo desiderasse vivere di loro, quando giunse il momento di diplomarsi, tanta era la paura di non riuscire che ebbe un crollo nervoso dal quale non riemerse mai. Sara non poté seguirla nel baratro della pazzia.

Imma era nata e cresciuta in una famiglia piccolo borghese eterodossa, normalmente omofoba ma senza esagerare. Aveva avuto un'infanzia felice, ricca di stimoli e incoraggiamenti. Aveva potuto essere e fare quello che voleva: fidanzarsi e convivere, andare all'estero, tornare e ricominciare tutto daccapo - più di una volta. Era allegra, socievole, generosa. Si scoprì lesbica a venticinque anni e ne fu contenta, mantenne il segreto perché «non è su questo che si giocano le relazioni».

Adriana conobbe Costanza tramite gli annunci. A quel tempo internet era ancora di là da venire, se non si frequentavano certi ambienti non c'era altro modo per trovarsi. Per più di tre mesi si scrissero al fermo posta. Costanza non volle darle il suo numero telefonico ma talvolta la chiamava, spesso nel cuore della notte. Fu il tempo delle parole, appassionate, piene di poesia, sospiri, incantamenti, promesse.

Nuvola, sarò una nuvola...
Vuoi la pioggia, tesoro?
Avrai la pioggia e il sole.
Vuoi un cielo di comete?
Te ne regalerò una collana.
Vuoi carezzare il mio ventre?
Sarò una ferita generosa che elargisce miele.
Armonia, sono armonia –
E per te ho inventato
Una notte da colorare.

E ancora…

Nuda, sono completamente nuda - pronta come un letto nuziale, ebbra d'una coscienza che mi stordisce ed anima. (…) Sono leggera e greve, già gravida d'un figlio-amore che faticherà a crescere e forse non ci sopravvivrà. (…) Aria di collina - e festa. Ma mi accontento d'un alito di vento e la tua bella voce promessa. (…) Ah, il potere evocativo delle parole - ora sei nella mia vita come una spina nel fianco! (…) Gioco con le parole come i bambini la sabbia.

Adriana s'innamorò del proprio ideale di bellezza perché Costanza seppe incarnarlo da attrice consumata. Dopo molti appuntamenti saltati all'ultimo momento, finalmente s'incontrarono…

Mi vedo camminare e da sotto l'ombrello
sento fra i capelli la pioggia aggrapparsi
come lacrime su una guancia di seta.

Era una giornata piovosa e grigia. Sotto il suo ombrello arcobaleno, Adriana l'aspettava trepidante, sperando di non essere troppo inadeguata per quella donna tanto importante, raffinata, prudente. Costanza apparve, bella come un angelo, elegante, calma. La prese sottobraccio e parlò di cose meravigliose che la fecero sognare: i concerti, la musica, il cascinale nel chiantigiano con il suo antico caminetto davanti al quale avrebbero trascorso il tempo, chiacchierando, la legna che arde nelle fredde notti d'inverno, l'attico in città e le quiete sere leggendo, scrivendo poesie d'amore.

*Come può avvedersi del ragno
la mosca che è intenta a suggere
il nettare buono di un fiore?*

Adriana si offrì senza reticenze, senza farsi domande, felice e grata, cieca. Costanza mosse le ali come in una danza i fianchi. Volteggiò, poi sparì senza dar più notizie di sé.

Adriana tornò a scriverle.

Posso capire senza sbattere la testa contro il muro - posso accettare senza venire a cercarti per sbatterci la tua. (...) So che mi sai ascoltare e che, forse, persino capisci. Quello che ancora non so è a quale croce o delizia mi hai destinata. (...) Mi manchi, dici - vanagloria telefonica, onore, vanto o consolazione del maniaco, dell'assassino, del burattinaio.

Sapeva che non si dovrebbe permettere all'altro di avere il potere incondizionato sui tempi dell'amore, ma Costanza era più forte di lei, aveva interiorizzato i suoi desideri, li aveva fatti propri - tessendo la sua tela in fondo l'accontentava...

*Demonio e angelo - certo. Come me - dipende.
Anima a peso o a calo - come il vino.
M'illudi ed io ne godo.
Ti sento come un canto di balena, adesso,
Un vociferare confuso o i sonagli d'un serpente.*

Improvvisamente riapparve. Raccontò d'essere prigioniera d'una madre vampira, d'un matrimonio al quale era destinata e dal quale non poteva sottrarsi, disse che non poteva compromettere la carriera, che sì, la voleva ma proprio non poteva. Pianse e Adriana ancora si lasciò espugnare.

*Amarti - nient'altro voglio!
Renderti felice e finalmente
Esserti farfalla appuntata al petto*

*Come una medaglia, certo,
Un ciondolo, un ciottolo o una spilla*

Come questo cuore

Che t'ho dato in pegno -
Tienilo, è tuo, non lo rivoglio indietro!

Ti fa più bella e rende me felice, più degna d'esserti
Fedele amante e amica.

Nuovamente il silenzio la inghiottì. Adriana allora venne meno alla promessa di non cercarla e scoprì che non esisteva alcun cascinale, in nessun conservatorio Costanza insegnava, su nessun cartellone spiccava il suo nome. Non comprese il perché di quelle menzogne, capì soltanto che probabilmente aveva bisogno di aiuto. Senza farle capire che aveva scoperto le sue bugie, le scrisse:

Ti tengo la mano e non smetterò di farlo, perché così come non si può decidere di amare, nemmeno si può decidere di non amare più. (...) Non tacermi le tue verità. Non lasciarmi cadere nel vuoto - foglia morta che si stacca dal ramo in un eterno autunno in bianco e nero. (...) L'unica parola che possiedo la conosci - non ho che questo. Saprò capire, aspettare.

Costanza era pazza ma non stupida. Lo show non poteva che volgere al termine. Riapparve e proseguendo le menzogne, forse mossa a compassione, per l'ultima volta si lasciò amare.

La tenerezza ti vince
e posa me assai dolcemente
su un letto di spine.

Perla di rugiada,
Gigante d'accerchiare -
Unghia nella carne,
Rosso lacrima il sudore;
Da qua ti prendo e venero -
Io non ti lascio andare!

Ma non si può trattenere chi non vuol fermarsi e Costanza tornò a negarsi. A niente servì telefonarle – le lettere rimasero senza risposta.

Tu sei il mio piccolo fiore acuminato - ti porto appuntata sul petto, direttamente nella carne. (...) Come sembriamo veri quando amiamo e come lo siamo quando non amiamo più. (...) La verità t'infastidisce e offende ma, come me, ne hai bisogno più dell'aria che respiri. (...) Ti leggo come il palmo della mano aperta. (...) Tornerai, certo – ed io ti aspetto come i bambini aspettano il Natale, o la neve.

Costanza le disse di smetterla, di stare al suo gioco o sparire. Si chiede all'altro di cambiare quando ci si è stancati di lui - ammissione di colpevolezza. Adriana non poteva fare né una cosa né l'altra. *"Tu non t'accontenti del corpo, tu vuoi anche tutto il resto, incondizionatamente, e questo è diabolico!"* - le scrisse - *"Sono e dico quel che vedi: carne viva e questo cuore scalpitante sottratto alla protezione del suo torace – non posso permetterti di più".* E la lasciò andare.

Ora mi trovo qua, ferma a quest'ultimo scrittoio, con la nausea dello spreco e del parlare. Di tanto in tanto capisco quanto scioccamente conduco la mia vita. (...) Qua vivo e sono, nel corpo del mondo, puro spirito orfano d'amore. (...) Tu transiti in me la notte e il risveglio mi rende inconsolabile. (...) Hai messo i piedi su un frammento di deserto e tutt'intorno è esploso un giardino. (...) Un giorno ho incontrato il mio identico e contrario, ho conosciuto la bellezza – che colpa ne ho se non riesco a dimenticare? (...) Mi darò risposte che non leniranno la tristezza, mi racconterò una storia che non potrà piacermi e ingoiando pane e fiele, come se ne avessi bisogno, quantificherò lo spreco. (...) Piango, certo, perché sentirsi soli è un dolore che ti spacca dentro, che non si può ignorare o dimenticare, che lascia un segno profondo, incancellabile, una ferita che si riapre ogni volta che qualcuno si avvicina per offrirti, spesso non richiesta, quella rivincita che non ti darà il tempo di giocare. (...) Un giorno, forse, tornerò a sorridere con questa stessa voglia di amare ed essere amata - oggi, però, non mi sento di guardare così lontano.

Non ne seppe più nulla sino a quando, un anno dopo, casualmente conobbe Imma.

Guardando fra i suoi libri scoprì che avevano gusti sorprendentemente affini - quanti titoli in comune! Imma le raccontò che le erano stati regalati da una donna con la quale aveva avuto uno storia difficile, tormentata. Adriana ne prese uno a caso e l'aprì, lesse la dedica e trasalì.
«Bella vero? Scriveva davvero bene. Leggi questa. Aspetta, ce n'è una anche qua...»
Adriana dovette sedersi: «Scusa se sono indiscreta, ma chi era questa donna, cosa faceva?»
«Era una persona disturbata, fingeva di essere una grande musicista, il violino, però, l'aveva studiato davvero. Ho provato ad aiutarla ma non c'è stato nulla da fare.»
Adriana la guardò, incredula: «Queste dediche sono frammenti delle mie lettere e questo libro gliel'ho regalato io, è lo stesso perché manca la pagina che avevo dovuto strappare.»

Anche Imma crollò a sedere. Le raccontò che Costanza in quel periodo aveva enormi difficoltà economiche: nella condizione psichica nella quale si trovava, sebbene avesse potuto insegnare, non era in grado di farlo – viveva grazie alla generosità di chi l'amava o cercava di ammansirla. Le case delle quali parlava appartenevano al suo danaroso e forse ignaro compagno. Non riusciva nemmeno a guidare la macchina, per questo si spostava solo in treno o se accompagnata. Un giorno dovette portarla da una conoscente un po' fastidiosa e insistente alla quale non aveva potuto dire di no. Avevano persino litigato per questo. Era una giornata piovosa e grigia. Allontanandosi, aveva visto nello specchietto retrovisore una figura avvolta nel suo cappotto, sotto un ombrello arcobaleno.

Mise un po' di musica – era di Adriana anche quella.

«Sono venuta a vivere in questa casa solo perché c'era il caminetto, accenderlo mi faceva sentire più vicina a lei. Sognavo il giorno in cui ce ne saremmo state abbracciate sul tappeto, chiacchierando o ascoltandone il crepitio.»

Imma, alcolista senza averne coscienza, dopo il primo bicchiere di birra già straparlava di cose che Adriana conosceva benissimo e delle quali non sentiva alcuna necessità. Si strinse nelle spalle e dovette ammettere che anche se avesse voluto inventarsi una storia come quella non ci sarebbe riuscita.

«Si è fatto tardi», disse – e andando verso l'uscita pensò con sollievo che appena fuori avrebbe finalmente potuto camminare, da sola, in silenzio, sotto la pioggia - senza ombrello.

CONCLUDENDO

Borderline è stata un'esperienza straordinaria, irripetibile: tanto ho imparato – tanto mi ha dato e tanto ha preso. Ho gettato un seme e a poco a poco intorno è cresciuto un giardino. Ci sono stati giorni di gelo, pioggia o nebbia, in altri il sole e i profumi hanno riempito l'aria. Lacrime e sangue? Certo, ma anche sorrisi e speranza. Così è la vita. Questo ho raccontato, questa piccola verità ho affidato alle parole che hanno cominciato a correre veloci, raggiunto luoghi interiori che non posso nemmeno tentare d'immaginare. E anche lì, mi dicono, sono nati giardini.

Non un solo gesto, una sola parola, un solo pensiero espresso con l'intento di comunicare, capire, va perduto – è privo di conseguenze. Chi si mette in relazione ha responsabilità precise e, al di là degli effetti, il merito del coraggio, della fantasia al servizio della curiosità e dell'amore – e tanto ne occorre per non gettare la spugna, per mettersi dalla parte dei giusti che a questo mondo sono sempre stati una piccolissima minoranza scarsamente riconosciuta, celebrata, e alla quale, tuttavia, dobbiamo il riscatto delle generazioni e delle epoche che tanto male hanno fatto ai propri discendenti e a se stesse.

Ho messo ordine, dunque. Dopo ben venti anni on-line sulle pagine del mio primo sito web, cinziaricci.it, affido Borderline ad altre forme editoriali affinché ne resti memoria e, mi auguro, una più ampia diffusione, o perlomeno una diffusione ove prima non è approdato.

L'autore nasce nel 1964, a Lucca.

Al momento della stesura di questa pubblicazione, è presente in rete ai seguenti indirizzi:

Sito web attuale, https://ethanricci.cloud
Pagina FB, https://www.facebook.com/ricciethan/
Canale YouTube, https://www.youtube.com/c/EthanRicci

TITOLI PUBBLICATI
O IN FASE DI PUBBLICAZIONE

Collana **TI RACCONTO UNA STORIA**

BORDERLINE – Testimonianze LGBTQIA+ (2003-2005).
FLORILEGIO – Il giuoco della campana, Ritratti, Cronaca di provincia e altre storie (racconti 1985-2006).
RÉSONANCES DA LA RUPTURE e **VOCI** – Racconti 2005-2013.
CONTINUUM - Racconti 2015-2024.
BLU - Racconti 2024-2026.

Collana **QUADERNI**

CONTROVENTO – Poèsie 1980-2023.
EFFEMERIDE – Pensieri e aforismi 1980-2023, volume I e volume II.
EFFEMERIDE - Vol. III - Pensieri 2024-2025.
IN CAMMINO - Cronaca di una affermazione di genere 2015-2023.
SOLILOQUIO – Canto d'amore 2017-2023.
DI CASE E DI STANZE - Un attimo, una vita (2024).

Collana **LA MACCHINA DEL TEMPO**

EDITORIALI - Politica, cultura, cronaca (2000-2019).
LUCCA NELLA MEMORIA – Storia, curiosità, cultura 1985-2023.
VISIONI - Cinema, Tv e dintorni (2001-2022).

Altro

MASTRƏ GEPPETTƏ DICIT - Nozioni per far da sé (2003-2021).
ARCHITETTURA E ARREDI URBANI: GLOSSARIO - Compendio alla consultazione del censimento e della catalogazione degli arredi urbani e degli elementi architettonici del centro storico di Lucca (2014-2025).

Collana **IMAGO VOLANT**

OMININIDI Vol. 1 - POT-POURRI, Fumetti dagli anni Ottanta al 2007.
OMININIDI Vol. 2 - Nello Sport e nell'arte, Fumetti 1988-2007.

IMAGO VOLANT - GRAFICA A COLORI.
BN - GRAFICA IN BIANCO E NERO.

Collana **CARPE DIEM**

Portfolio fotografia - **ACQUA e FUOCO.**

L'elenco completo e aggiornato delle pubblicazioni è consultabile sul sito dell'autore all'indirizzo:

https://ethanricci.cloud

PAGINA AMAZON CON I
TITOLI PUBBLICATI